QUELQUES MOTS

DU PATRIARCHE

DE

JÉRUSALEM.

(foscolo)

On n'est jamais si impitoyable que quand on a tort.

PARIS,

TYPOGRAPHIE DE FIRMIN DIDOT FRÈRES,
IMPRIMEURS DE L'INSTITUT,
RUE JACOB, 56;

1838

K

Réservé

695.

QUELQUES MOTS

DU

PATRIARCHE DE JÉRUSALEM.

QUELQUES MOTS

DU PATRIARCHE

DE

JÉRUSALEM.

On n'est jamais si impitoyable que quand on a tort.

PARIS,

TYPOGRAPHIE DE FIRMIN DIDOT FRÈRES,
IMPRIMEURS DE L'INSTITUT,
RUE JACOB, 56.

1838.

En m'adressant à l'opinion
publique, mon intention n'est pas
de jeter indiscrètement dans le
monde l'écrit qui détruira tant de
calomnies. Je ne veux point de
scandale, moi. Il me suffit que
quelques-uns de mes vénérables
Confrères et quelques personnages
très-distingués le connaissent.
Après que leur estime me sera

acquise, personne ne pourra douter que je la mérite.

Les exemplaires ne dépasseront pas le nombre de trente = six. Ils seront tous numérotés.

Beaucoup d'hommes peuvent entrer d'un pas ferme dans la prison, parce que l'âme alors se replie sur elle-même, se roidit contre le malheur, et n'a besoin que d'un moment de force pour triompher. Mais lorsqu'on a entendu derrière soi le grincement des verroux qui séparent le prisonnier du monde et presque de la vie; lorsqu'on est seul, seul, entouré de murs où se brisent la pensée et le courage; lorsqu'ainsi se sont écoulés de longs jours et de longues nuits; et qu'en fouillant dans ses souvenirs, on ne trouve plus dans le passé que la prison; dans le pré-

sent, la prison ; dans l'avenir, la prison.....
oh ! alors la force d'âme est brisée, si la résignation ne reste avec le prisonnier.

Et moi aussi, j'ai enduré vingt-sept mois
de cette horrible torture ! Vingt-sept mois
de captivité, certes pénible à tout homme,
mais combien plus à un homme de mon caractère et dans ma position devant l'Église et
le monde ! Vingt-sept mois de captivité doublement pénible à moi, qui m'étais imposé la
plus sévère solitude, pour cacher, autant
que possible, à tous yeux curieux, le scandale, inouï jusqu'alors, d'un évêque en prison, pour argent, sur la requête d'un prêtre !
Vingt-sept mois éternels, où chaque jour, à
chaque heure, à chaque minute j'ai pu comprendre ce que c'est que ce mot-là : Je suis
seul ! et en sonder toute l'affreuse profon-
deur !... seul ! sans consolations fraternelles,
sans les secours d'un ami, au milieu de l'indifférence commune, cette lèpre qui rejette
hors de la création, qui sépare de tout !....

seul ! sans aide, sans protecteurs, environné que j'étais d'un nuage de fausses allégations, de mensonges, de turpitudes !.....

Voir qu'on ne reculait devant aucune calomnie; qu'on avait la barbarie d'attaquer celui qui ne pouvait se défendre; que nul égard ne retenait un moment ceux qui me diffamaient, ni ceux qui prêtaient ouverte l'oreille à leurs insidieuses suggestions; comprendre que c'était vainement que j'avais derrière moi vingt-huit ans de service ecclésiastique, et qu'une vie religieuse ne me valait pas mieux qu'une vie coupable; regarder autour de moi, loin de moi, et n'y trouver personne qui eût assez de courage pour me défendre, personne qui seulement voulût dire: doutez !... en un mot, sentir qu'on oubliait pour moi, que la justice, c'est la vie; et la charité, c'est encore la vie !!!... Oh ! ç'a été une épouvantable désolation.

Néanmoins, bien qu'ainsi meurtri de nouveaux coups à chaque instant, j'ai su ajouter, pendant vingt-sept mois, aux autres peines celle aussi du silence. Après avoir pleuré d'abord, beaucoup pleuré, j'ai essuyé mes yeux, et mon cœur une fois dégonflé, je me suis trouvé assez fort pour attendre, triste, mais pas désespéré, d'autres jours où, libre enfin, je pourrais me réhabiliter.

La calomnie, je le sais, ressemble au charbon qui noircit toujours, s'il ne brûle pas; et l'on ne se relève jamais entièrement de certaines douleurs. Mais, quel que puisse être mon sort à venir, en attendant, il y a pour moi à rétablir deux honneurs : celui de l'homme et celui de l'évêque; et si, pour ce qui en est du premier, véritable vie de tout homme, je voulais m'en rapporter au temps dont la justice est certaine, le caractère dont je suis revêtu, ce caractère qui m'unit si étroitement par solidarité d'honneur à tous les membres du vénérable corps épiscopal, en réclame une prompte réparation.

En outre, j'ai peut-être encore quelques

jours à vivre ; je puis être appelé à rendre encore quelques services à l'Église ; et il importe que ma réputation soit intacte.

Lors même que, par les coups qu'on m'a portés, ma vie dût être pour moi telle qu'elle peut l'être après la perte de toutes ses illusions : une eau courante, à laquelle boire sans soif, par habitude, et parce qu'il faut y boire.... ce n'est pas une illusion que l'honneur : l'honneur d'un évêque doit être revendiqué.

« Un évêque plus que personne, dit saint J. Chrysostôme, se doit à soi-même de se justifier solennellement des inculpations. Si, plutôt que de s'exposer au soupçon d'infidélité dans la distribution des aumônes qu'il recevait, saint Paul en commit à d'autres l'administration : ne devons-nous pas faire tout ce qui dépend de nous pour nous mettre à l'abri de toute suspicion, quelque injuste, quelque déraisonnable et quelque contraire qu'elle puisse être à l'idée que l'on s'est faite de nous ? Il n'y a point de péché dont nous soyons autant éloignés, que Paul l'était du larcin ; cependant, un soupçon aussi absurde, et qui ne pouvait naître que dans le cerveau d'un insensé, parut mériter son attention ; et il ne se crut pas à couvert de cette imputation extravagante ; et il ne raisonna pas ainsi : Se trouvera-t-il quelqu'un qui puisse me faire cette injure ? Il pensa, tout au contraire, qu'on le pourrait, et qu'il fallait arracher jusqu'à la racine du soupçon, ou même l'empêcher de germer. Car, *s'il faut avoir soin de faire le bien, non-seulement devant Dieu, mais aussi devant tous les hommes,* on doit faire les mêmes efforts, et de plus grands encore, pour écarter les bruits qui nuisent à notre réputation, et ne pas attendre que les consciences de plusieurs en soient blessées sans remède. »[1]

Quelles infamies n'a-t-on pas déversées à grands flots sur moi ! Si je ne craignais pas de salir ma plume en les énumérant l'une après l'autre, l'on verrait que de toutes celles qui perdent l'homme et l'évêque, aucune n'a été oubliée. En les résumant, improbité et immoralité, voilà les fourches Caudines sous lesquelles, moi aussi, on m'a voulu faire passer. Homme sans foi, évêque sans conduite, voilà les noires couleurs avec lesquelles on m'a peint, pour me fermer tous les cœurs, m'enlever l'estime de la société, me mettre en butte à la commune réprobation. Mais moi, je brûle d'en secouer la honte, car il y a quelque chose de plus fort que la haine : la vérité. Or, je la dirai, la vérité ; je la dirai tout entière. « Semper ego auditor tantum, numquamne reponam » ?

Cette pensée consolante, que je repousserais l'infamie ; cette pensée qui veillait en moi aux nuits affreuses de ma souffrance morale et physique ; qui, deux ans et plus, ne m'a pas quitté un seul instant, deux ans, je le répète, deux ans et plus d'avilissement, de privations, de mortifications de tout genre,

d'accusations, de menaces, de calomnies....
non, cette pensée n'était point humaine, c'est
du ciel qu'elle venait pour soutenir mon courage et m'armer contre le désespoir.

Si ce n'est pas pour moi une chose inac-
coutumée que de parler au public, c'est un
combat auquel je ne connais rien que celui
de défendre mon nom. Qu'on me pardonne
donc si je n'énonce pas toujours mes idées
avec calme.

Cependant l'intention d'une offense, d'une
attaque personnelle, est tellement loin de
moi, que si, contre mon espoir, on trouvait,
dans ce que je vais écrire, un seul mot de
cette nature, qui eût échappé à mon attention, j'en exprime ici d'avance le plus sincère regret. Dieu me préserve d'appliquer à
mes ennemis la peine du talion! Si je me dois
à moi-même de répondre à leurs fausses imputations; de les détruire; je n'oublierai
point que des injures ne sont pas des raisons. Il me suffit que l'on sache par quel en-

chaînement de circonstances, tout à fait in-
volontaires de ma part, je suis arrivé à mon
malheur.

Mon nom veut être réhabilité; mais mon
caractère m'impose aussi la douceur et la
modération. « Un ministre digne de l'être,
aime mieux oublier d'injustes attaques, que
de s'abandonner aux mouvements du ressen-
timent. »[3] Je mettrai la sourdine sur les cor-
des quand elles pourraient résonner trop
haut; je tâcherai d'assourdir certaines notes
de l'âme qui doivent rester muettes, certaines
voix du cœur qu'on n'éveille pas sans danger. Il faut parler du mal qu'on nous fait
avec l'idée du pardon. Qui de nous n'en a
besoin pour lui-même? C'est en aimant qu'on
s'élève à Dieu, et qu'on prend de lui sa force
pour supporter l'infortune.

Si j'étais entré en prison avec une pensée
de haine contre ceux qui ont voulu me perdre, j'y serais mort de désespoir. Mais non,
le ciel en soit loué! ces sentiments condam-
nables étaient loin de moi!

Atteint par la foudre, mais non pas mortellement frappé, je devais chercher un port où me reposer enfin de mes peines. Je viens le demander aux âmes franches qui sont toujours prêtes pour la justice, et ne font pas à demi de réparations d'honneur. Je mettrai dans les mains de tous ceux qui voudront me lire, des témoignages auxquels les plus défavorablement prévenus ne sauraient résister, s'ils sont de bonne foi. Quant à ceux qui ferment volontairement les yeux à l'évidence, et qui sont systématiquement méchants, je ne m'en inquiète pas. Il n'est aucune position sociale, aucune réputation, qui leur échappe. C'est un malheur, mais seulement pour eux-mêmes!...

Au reste, ce sera le seul cri que mon honneur blessé poussera. Il y a un terme aux justifications, au delà duquel un homme qui se respecte, et à plus forte raison un évêque, ne doit plus à sa propre dignité que le silence.

I.

Des obligations pécuniaires ont servi de base
aux accusations dirigées contre moi. C'est donc
sur ce point qu'il convient d'abord de fixer l'attention.

Je prouverai que ces obligations m'ont été
imposées par la nécessité la plus absolue; que
mes ressources étaient plus que suffisantes pour
y faire face; que des actes authentiques garan-
tissaient ces ressources; et que les retards à remplir mes engagements n'ont nullement dépendu
de ma volonté, toujours sincère, le plus formellement exprimée, et qui ne s'est jamais démentie.

Rien ne devait me coûter : ni le sacrifice de
mes intérêts, sacrifice bien secondaire; ni le sa-

crifice de mon amour-propre, après l'honneur le plus grand des sacrifices. Et pourtant, malgré cette loyauté, cette ferveur pour le payement de ces dettes, où donc m'a-t-on conduit? En prison!......

Pour justifier la violence, on verra la calomnie m'attaquer, me poursuivre avec un acharnement sans exemple; on comprendra, sans que j'aie besoin de le dire, comment une telle persécution m'a privé en grande partie de mes moyens; comment elle m'a mis hors d'état de les réunir et de les employer utilement; comment enfin, ceux qui m'accusaient de forfaire à la probité, eux-mêmes, en me retenant prisonnier quand j'aurais dû agir; en me diffamant quand j'aurais eu le plus besoin de crédit; en me désespérant quand je n'aurais pas eu trop de toute ma confiance en moi-même, m'ont mis dans l'impossibilité de les payer aussitôt que je le voulais.

Si, comme je m'y engage, je parviens à démontrer tous ces faits d'une manière évidente, mon honneur ne sera-t-il pas sauf, et ma réputation complétement réhabilitée?

Vers le milieu de l'année 1833 je vins d'Espagne à Paris. Quoiqu'il soit peu nécessaire de connaître ce qui m'avait amené à Madrid, je puis dire que l'une des causes, sinon la seule, d'après les insinuations de plusieurs personnes puissantes, était d'y tenter près de Ferdinand VII une négociation difficile : protégé par lui, il s'agissait de recouvrer une somme importante qu'on me devait dès longtemps. J'y perdis trois mois dans bien des démarches inutiles. Des considérations impérieuses m'arrêtaient à chaque pas. D'ailleurs la haute position de mon débiteur, mon dévouement respectueux à sa personne, le triste état des affaires dans la Péninsule, tout m'imposait la réserve. Je quittai donc Madrid un peu moins riche que je n'y étais entré, par délicatesse de sentiments.

Ainsi, désabusé de cette grande espérance, je me flattai qu'à Paris, mieux qu'en Italie, et mieux que partout ailleurs, je pourrais trouver à négocier mes créances.

§ 1. Tandis qu'ici je m'évertuais pour arriver à ce but, je tombai malade : longue et cruelle maladie, qui me livra à des soins mercenaires; dans cette ville où l'on dirait que la pitié même veut être payée au prix de l'or. Malheur aux étrangers, si cet or leur vient à manquer! Malheur à eux, si leur santé les trahit! Soyez riche et bien portant, et montrez-vous. On vous acceptera du premier coup, et les bras ouverts, sans vous demander : Qui es-tu, ni d'où viens-tu? Mais qu'une infortune vous arrive, ce ne sont plus les mêmes visages, ce ne sont plus les mêmes sourires, ni les mêmes cœurs. La veille vous étiez porté en triomphe; le lendemain vous êtes seul!

Et moi aussi je me trouvais tout d'un coup dans ce Paris hospitalier, malade, sans moyens, et par conséquent seul, sans secours.

J'écrivais lettres sur lettres à la personne qui gérait mes affaires à Rome; j'en écrivais à celle de Lucques qui me devait tant d'argent. Mes demandes étaient plus pressantes à mesure que mes nécessités s'accroissaient, pour ainsi dire, d'heure en heure, et me pressaient davantage. J'implorais comme l'aumône de mon propre bien!..... On eût dit que j'étais mort, ou que j'écrivais à des morts. Le moyen alors de satisfaire à des besoins journaliers et impérieux! J'empruntai, bien malgré moi j'empruntai; mais j'étais à Paris, étranger, malade, sans amis, sans conseil pour veiller à mes intérêts; autrement j'aurais été à la merci des intrigants qui pullulent dans les capitales, pour dépouiller les malheureux qui vont tomber dans leurs mains.

On m'accuse, je le sais, d'avoir exagéré mes besoins réels et d'avoir porté bien au delà du nécessaire mes dépenses. Mais d'abord, où peut-

on fixer la limite du nécessaire? N'est-il pas relatif à une foule de circonstances variables selon les individus? ne diffère-t-il pas, suivant les
habitudes contractées dès l'enfance, suivant
l'éducation et, mieux encore, suivant la position sociale de chacun? Par exemple, n'était-il
pas un grand nombre de dépenses superflues
pour bien d'autres, dont je ne pouvais absolument me dispenser dans mon état de souffrance,
et plus encore par égard à mon caractère?

Cependant il s'élève dans ma conscience un
doute que je veux exposer loyalement. Je me
laisse si facilement attendrir sur la misère d'autrui; ceux qui sont dans la gêne trouvent toujours auprès de moi l'accès si facile, et je me
sens si peu capable de faire tomber vides les
mains suppliantes qui me sont tendues, que
souvent les besoins des autres sont satisfaits
avant les miens. Cette disposition naturelle a
chez moi tant de force, que l'expérience de la
mauvaise foi n'a pu la détruire, et qu'elle a ré-
sisté aux déceptions de l'ingratitude.

En outre, je dois le dire, je méprise l'argent;
et je le méprise encore plus fort depuis que j'ai
appris à mes dépens à quels excès l'argent peut
pousser les hommes.

Aux yeux de la prudence humaine, c'est là
un défaut; il y en a qui l'ont traité comme un

crime; mais c'est un crime dont je n'ai point
de remords; c'est un défaut dont je ne saurai
jamais me corriger.

Serais-je aussi rigoureusement traité par la
morale évangélique, ou même par la philosophie
la plus sévère? Pourrait-on me faire un grave
reproche de cette faiblesse invincible, si, d'ailleurs, elle ne m'a pas empêché de remplir mes
obligations, et si ma bienveillance n'a pas manqué son but en devenant plus nuisible qu'utile
à ceux que j'ai voulu servir? Mon humeur de
donner n'a jamais nui qu'à moi seul; elle m'a
exposé aux accusations des envieux et à la calomnie des ingrats. Mais ce n'est pas ma trop
grande générosité qui aurait pu nuire à mes engagements : j'avais, et surabondamment, de
quoi les remplir; et il devait me rester encore
les moyens d'exercer la libéralité : ce qu'il m'est
aisé de prouver.

§ 2. Pour ne parler que d'une seule de mes
ressources, je demeurais alors créancier légitime
de S. A. R. le duc de Lucques de 139,440 écus
romains, soit 752,970 livres de France[4]. A cette
époque, n'avait pas encore eu lieu entre le Prince
et moi la transaction dont je parlerai plus loin.
Avec un pareil débiteur et une pareille créance,
pensera-t-on que j'en aie dépassé les bornes par

des dettes *qui, en* 1834, *n'allaient pas au delà de la somme de* 31,460 *francs, et qui depuis n'excédèrent jamais celle de* 64,940 ? Est-ce donc là manquer de moyens, de loyauté ? est-ce donc là une créance sans gage, une dette sans garantie ?

§ 3. Eh ! quelle garantie fut jamais plus réelle ? La foi, l'honneur et la fortune d'un Prince ; nombre de décrets et d'ordonnances qui de 1826 à 1831 avaient sanctionné mes droits ; toutes sortes d'actes authentiques, revêtus scrupuleusement de toutes les formalités légales ; actes suivis même d'un commencement d'exécution... Le moyen d'en douter sans offense à la majesté d'un souverain, auquel j'étais attaché par tous les liens de la reconnaissance et de la plus respectueuse affection ?

Bien plus : et par dernière précaution, et pour aller au-devant des objections les moins prévues, je voulus, avant de m'engager, consulter des hommes de loi, et je soumis les titres de ma créance à M. Masson, avoué à la cour royale de Paris, ainsi qu'à MM. Hennequin et baron Poerio, dont les noms seuls m'offraient, à moi comme aux autres, la plus complète assurance de talent et de probité.

Or, voici la consultation du troisième :

« Monseigneur,

« J'ai lu avec l'attention convenable tous les titres relatifs à la délégation de 24,000 écus romains, et à la pension annuelle de 6,000 écus lucquois, soit écus romains 6,240 ; décrétées en faveur de V. Exc. par S. A. R. le duc de Lucques.

« Votre Exc. désire connaître mon opinion sur la valeur légale des susdits titres, et savoir en particulier si les actes de libéralité qui en résultent sont révocables ou réductibles. Je m'efforcerai de répondre à sa confiance en lui exposant clairement mon avis.

« A l'égard de la première libéralité de 24,000 écus romains, il serait assez difficile de justifier une réduction, à moins qu'elle ne fût consentie par la partie intéressée à les réclamer, ou à moins qu'elle ne fût nécessitée par la diminution des ressources de la partie obligée de payer. La première de ces conditions n'existe pas, et la seconde n'a pas été mise en avant. Une diminution des avantages déjà concédés serait donc un acte arbitraire et par conséquent inadmissible.

« En vain on objecterait qu'une ordonnance peut retirer, en totalité ou en partie, ce qu'une autre ordonnance avait accordé. Cette doctrine, professée jadis par un petit nombre de jurisconsultes qui comprenaient mal en quoi consiste la véritable force de la souveraineté, est aujourd'hui tout à fait abandonnée.

« Les bons publicistes regardent les gracieuses ordonnances des princes, en matière de *deniers*, comme *des actes de donation entre-vifs*, actes de leur nature toujours irrévocables, et réductibles seulement *pour juste cause*. Les gracieuses ordonnances des princes constituent des droits en faveur des bénéficiaires, et *les droits acquis* ne peuvent être enlevés par pur caprice, par simple repentance. Il serait absurde que tandis que les donataires en général possèdent d'une manière incommutable la donation et le droit d'en disposer, les seuls donataires des souverains fussent condamnés à une possession éternellement précaire, et de laquelle ils pussent être dépouillés, non par la loi, mais par la volonté d'un homme. Au contraire, les bienfaits qui descendent du haut du trône doivent être considérés comme les plus solennels, les plus réfléchis, les plus justes; et on ne peut, sans offenser la majesté du donataire, supposer que le prince a donné par caprice, par boutade, ou, ce qui reviendrait au même, avec l'intention et la réserve bizarre et illusoire, de retirer le don à sa volonté.

« Voilà ce que suggère la raison au sujet de la libéralité dont a été honorée V. Exc.; libéralité qui a d'autant plus de droit d'être respectée, que dans l'acte originaire de donation et dans le postérieur qui le sanctionne, il est parlé de services rendus à la personne du prince. Dans ce cas, l'acte d'apparente libéralité est réellement et proprement le payement d'une dette.

« Pour ce qui regarde ensuite la pension en six mille écus lucquois, la même réponse est à faire, c'est-à-dire qu'elle est irrévocable et irréductible par trois motifs également graves :

1° Parce que la pension est viagère;

2° Parce qu'elle est rémunératoire;

3° Parce qu'elle est ecclésiastique.

« Une jouissance viagère ne peut être interrompue que par la mort du jouissant, quelle que soit l'origine de la jouissance; qu'elle provienne d'une pure libéralité, ou du payement d'une dette; qu'elle soit spécifiée ou non comme rémunératoire. Si elle est concédée à vie, ce principe a d'autant plus de force, puisque le bénéficiaire compte avec sécurité sur la durée de son bénéfice.

« Une délégation viagère est nécessairement alimentaire, puisqu'elle est destinée à suivre le jouissant jusqu'à la fin de sa vie. Or, comment pourrait-on jamais retirer ou diminuer les aliments? La loi ne reconnaît que deux causes seulement de réduction de la pension viagère alimentaire : une amélioration dans l'état de celui qui reçoit les aliments, ou une décadence dans l'état de celui qui les fournit. Ces deux conditions ne se rencontrent certainement pas dans le cas qui nous occupe.

« Mais la pension accordée à V. Exc. est encore rémunératoire. On peut lire en toutes lettres dans les diverses ordonnances ducales les services rendus par V. Exc., et on y déclare d'une manière formelle que par cet acte de munificence, la reconnaissance souveraine voulait s'acquitter envers Mgr. Foscolo. En outre, dans les mêmes ordonnances il est spécifié que la jouissance des 6,000 écus lucquois sera toujours indépendante de toute charge ou office qui pourraient être par la suite conférés à V. Exc. dans la cour du prince. L'ensemble de ces circonstances donne à la susdite délégation le caractère d'une pension de retraite et rémunératoire, et la constitue comme rétribution de services passés, et non comme arrhes de services futurs. Or, il n'y a rien au monde de plus irrévocable que le passé. L'avenir seul est changeant pour les hommes. Prétendre réduire une pension pour services déjà rendus, serait agir contre tous les principes d'équité et de justice.

« Enfin il est évident que la susdite délégation est aussi de nature ecclésiastique; ce qui suffirait seul pour lui imprimer le caractère d'irrévocabilité.

En fait, quand on voit S. A. R. le duc de Lucques, dans une lettre du 24 mai 1827, offrir la donation faite à Mgr.

Foscolo comme un hommage à Sa Sainteté Léon XII, et se faire un mérite près du chef visible de l'Eglise, de contribuer à rendre plus brillante la carrière ecclésiastique d'un vénérable prélat; quand on voit Sa Sainteté, par un bref apostolique du 30 juin suivant, accepter la donation au nom du prélat bénéficiaire, et rendre grâce à la générosité du prince qui concourt de cette manière à assurer un sort plus honorable à un fonctionnaire romain; et quand on voit enfin que V. Exc., à l'occasion et par suite de cette munificence, a perdu, par un rescrit pontifical du 10 juillet suivant, la pension qu'elle recevait de la cour de Rome, on ne peut concevoir, ni même soupçonner que l'on ose altérer le moins du monde, une convention hautement diplomatique et solennellement sanctionnée, et non-seulement parfaite, mais encore tout à fait consommée.

« Voilà les raisons, certes prépondérantes, qui m'engagent à émettre cette opinion légale, contre toute tentative et toute prétention de vouloir révoquer ou réduire les susdits actes de libéralité.

« Si V. Exc. désirait une consultation plus étendue, corroborée et appuyée des doctrines professées par les jurisconsultes, et de sentences rendues par les tribunaux, je ne pourrais la rédiger qu'à Naples. Mais le secours de la jurisprudence ne pourrait ajouter aucune force, ni aucune clarté aux arguments que j'ai exposés.

J'ai l'honneur, etc.

Gênes, le 30 novembre 1833.

Signé, Bar. Poerio [5].

A cette consultation, si nettement formulée se conformèrent les deux autres, pour rassurer pleinement quiconque eût voulu acheter mes créances [6].

Cependant les jours, les semaines, les mois s'écoulaient sans aucun résultat; et, retenu chez moi par la maladie, étranger aux affaires, toutes sortes de propositions inadmissibles me furent faites. La qualité du débiteur, la distance des lieux, l'énormité des sacrifices qu'on exigeait de moi, les incertitudes, les hésitations, les entraves, les craintes de toute espèce, exagérées à plaisir par des spéculateurs sans argent, et, qui pis est, sans foi, pour m'offrir un vil prix; tout cela me fit presque désespérer du succès.

§ 4. Ceci se passait dans le courant de 1834; et plus j'attendais, plus ma position devenait difficile. Pour qu'une affaire réussisse à Paris, il faut que ce soit dans les vingt-quatre heures. Il faut surtout qu'elle soit offerte par des hommes spéciaux, et avec une certaine assurance qu'on ne parvient à gagner qu'après bien des peines. Pour peu que vous hésitiez, votre affaire est perdue. Que de fois me suis-je rappelé l'anecdote toute parisienne de cet homme qui vendait sur le Pont-Neuf des pièces de six livres pour un petit écu, et qui ne trouvait pas d'acheteurs : qu'on me passe la mauvaise plaisanterie.

D'après les conseils de gens plus expérimentés que moi, je fis alors un transport de mes droits à M. Gérin, ancien notaire, qui, de son côté, envoya à Lucques, chargé de procuration, M. Gaillard, ancien magistrat, pour obtenir de S. A. R. une détermination positive à l'égard de mon cessionnaire.

Comme cette fois le créancier n'était plus le même, et le prince n'avait plus à attendre d'un étranger la déférence et le dévouement qu'il était habitué à rencontrer dans son créancier primitif, je crus devoir l'en prévenir, ainsi que son majordome, et j'en écrivis aussi à S. M. la reine douairière de Naples, la suppliant de me venir en aide par sa bienveillante protection dans les cruels embarras où me plongeaient le si long oubli, et peut-être la mauvaise volonté de quelqu'un des ministres de son royal neveu.

A. S. R. le duc de Lucques.

Paris, 15 juillet 1834.

« Je supplie la clémence de V. A. R. de me pardonner l'importunité de cette lettre. Je vous le demande en mémoire de cette précieuse amitié dont j'étais honoré en d'autres temps, et dont je n'ai démérité en aucune circonstance.

« J'aurais voulu écrire depuis longtemps à V. A.; j'espérais de mois en mois qu'elle daignerait m'y encourager. Elle a bien voulu le faire autrefois, et je conserve toujours ses lettres de Vienne et de Dresde, si bonnes pour moi, et qui m'indemnisèrent si largement des maux que l'envie m'avait fait souffrir en 1827, jusqu'à m'écrire qu'elle ne *pouvait se le pardonner*. V. A. sait combien mes peines ont été grandes, et *pourquoi!*... Depuis le mois de juillet jusqu'à la fin de l'année 1831, sans doute elle n'a pas connu ma position; autrement il serait impossible que son cœur ne m'eût pas enfin rendu justice. Cependant j'ai pris la liberté de lui décrire au long tous mes supplices; mais qui sait ce qu'on a fait de mes lettres, et en quelles mains elles sont tombées!

« Enfin, je me trouve ici malade depuis plusieurs mois, dans les plus graves nécessités, tandis qu'ailleurs on fait main basse sur mon bien! Et pourtant je devais, *par des titres imprescriptibles* compter sur les droits *irrévocables et irréductibles* que votre générosité m'avait accordés, et qui avaient été confirmés par tant d'actes souverains! Ne pas y compter, aurait été faire injure à votre foi royale... Pouvais-je croire que je perdrais tout et pour toujours?

« L'année dernière, par l'entremise de M. le prince Massimo, j'ai fait remettre à V. A. un projet de transaction; c'était pour moi un très-grand sacrifice, mais je m'y résignais par respect pour elle; en même temps je lui donnais avis que j'avais trouvé un acquéreur pour toutes mes créances, et qu'il m'accordait un délai de trente jours pour me décider. M. le comte de Colombi, alors chargé d'affaires de V. A. R., écrivit aussi pour la même affaire à M. le ministre Mansi. Aucune réponse ne fut faite. Le capitaliste prolongea le délai, deux ou trois fois, *toujours inutilement;* enfin il ne voulut plus attendre. Aujourd'hui, qu'un autre acquéreur s'est présenté et à de meilleures conditions que le premier;

aujourd'hui que dans l'état désespéré où je me trouve, je devais prendre quelque parti, je l'ai pris le 3o juin dernier, et *d'une manière irrévocable*, afin de ne pas laisser échapper l'occasion comme la première fois. Je vais écrire à ce sujet à M. le majordome Massoni qui montrera ma lettre à V. A.

« Que V. A. croie bien que la nécessité seule et la nécessité la plus impérieuse m'a poussé à cette extrémité !

. . . .

« Je ne suis donc plus créancier de V. A. R., et il était de mon devoir de lui en donner avis. Jamais je ne démentirai les sentiments, etc.

*A M. le marquis Massoni, majordome de S. A. R. le
duc de Lucques.*

Paris, 15 juillet 1834.

« Je crois devoir faire connaître à V. Exc. la mesure qu'une nécessité impérieuse m'a forcé de prendre, et qui m'a été imposée par la misérable position où je me trouve depuis si longtemps. J'écris pour le même objet à S. A. R.

« L'année dernière, et plusieurs autres fois encore, j'ai laissé échapper l'occasion de me servir de cette ressource ; j'espérais toujours et avec raison que je ne serais pas irrésistiblement contraint de l'employer. J'ai attendu, j'ai souffert, combien et comment, Dieu le sait, et tous ceux qui me connaissent le savent aussi. Je pensais avec peine qu'un cessionnaire étranger ne mettrait aucun égard dans la poursuite de mes créances, une fois qu'elles seraient devenues sa propriété ; et mon respectueux attachement pour S. A. R., ma profonde reconnaissance pour tous ses bienfaits, m'engagèrent à retarder toujours jusqu'à ce moment; retard qui a consommé ma ruine. Il ne me restait plus enfin, pour ne pas tomber dans le désespoir, qu'à prendre ce parti.

«Sous peu de jours arrivera à Lucques M. Gaillard, représentant de mon cessionnaire et son fondé de pouvoir. D'après l'acte de cession du 3o juin dernier, tous les documents légalisés, ayant rapport à mes droits *irrévocablement cédés,* ont du.être remis sans aucune exception entre les mains du cessionnaire.

« Je dois à V. Exc. quelques détails indispensables pour qu'elle sache à quelles conditions j'ai cédé mes droits; elle apprendra le surplus par l'acte même de cession. *Le cessionnaire prend pour son compte et en bloc toutes les sommes qui devaient et qui doivent me revenir; il en retient une portion à son profit; le reste me sera payé dans le courant de l'année qui expirera au mois de juin 1835, en six dividendes au plus; et le premier sera payé au moment où le cessionnaire aura terminé l'affaire à Lucques avec S. A. R.;* ils seront suspendus à la première sommation légale qui porterait l'affaire devant les tribunaux (j'espère et je prie Dieu de toute mon âme que cela n'arrive jamais).

« Je joins à la présente les copies des consultations de MM. Hennequin, baron Poerio et Masson, par lesquelles le cessionnaire s'est décidé à traiter avec moi, et qui le rassurent sur les droits qu'il a acquis. Il sera bon que V. Exc. en prenne connaissance, etc.

A Sa Majesté la reine douairière de Naples.

Paris, 15 juillet 1834.

« La princesse Massimo, Dona Christine de Saxe, m'écrit en date du 26 juin dernier, que V. M. a le dessein de passer

à Lucques la saison des bains. Je me recommande à la clémence de V. M. près de S. A. R. le duc, auquel j'écris par
le même courrier, pour lui donner avis que vers la fin du
mois dernier j'ai cédé à un tiers, et d'une manière irrévocable, mes créances sur lui.

« Je sais que je n'ai aucun titre pour compter sur la protection de V. M.; mais, chrétien et évêque, je suis sûr de ne
pas implorer en vain la charité d'une âme si généreuse que
la sienne. D'un autre côté j'ai besoin de faire savoir à V. M.,
qu'ayant cédé ma créance à un tiers, un étranger n'aura pas
pour S. A. R. ces égards de reconnaissance et d'attachement
auxquels jusqu'ici j'ai tout sacrifié.

« Que V. M. daigne donc prendre intérêt à cette affaire,
je l'en supplie instamment, etc.

A S. A. R. le duc de Lucques.

Paris, 22 août 1834.

« Dans la dernière de mes lettres, qu'à cette heure
M. Gaillard aura mise aux pieds de V. A. R., je disais à
V. A. quel parti la nécessité extrême m'avait enfin forcé de
prendre, et que j'avais cédé à un tiers les droits que, sans
doute et d'une manière irrévocable, votre munificence royale
s'est plue à m'accorder. Avant d'en venir là, je n'ai certes
pas à me reprocher de n'avoir pas écrit et supplié sans
interruption pendant plus de trois ans, de ne m'être pas
adressé à un assez grand nombre de personnes pour me
tirer d'embarras, et de n'avoir pas consenti pour ma part
aux plus grands sacrifices.

« C'est de la source même d'où je devais attendre tous les
biens, que tout le contraire a découlé : la perte d'une pension honorable; l'interruption d'une carrière ouverte, grâce

à V. A., sous de si heureux auspices ; une foule de jaloux et
d'envieux qui se font contre moi une arme de mon avilissement et, s'ils le pouvaient aussi, de mon déshonneur. Mais
si des motifs tout à fait irrésistibles m'ont entraîné malgré
moi à une semblable détermination, quel ne serait pas cependant mon chagrin, si le cessionnaire était contraint à faire
valoir ses droits devant les tribunaux ! Non que je conserve aucune crainte pour mes intérêts désormais assurés,
ni pour les droits incontestables de mon cessionnaire. Si je
crains, c'est seulement à l'idée que l'on ne cherche encore à
gagner du temps par des difficultés qui jamais ne peuvent
être à l'avantage de V. A., en présence des actes si nombreux
et si solennels de sa volonté royale. Ces réflexions m'ont
retenu jusqu'à ce moment dans l'état d'inquiétude où je
suis ; cependant j'espère encore en l'âme généreuse de
V. A. R.; j'espère que cette fois elle agira seule et de son
propre mouvement pour assurer le triomphe de la justice.

*A M. le marquis Massoni, majordome de S. A. R. le
duc de Lucques.*

Paris, 22 août 1834.

« M. Gaillard, chargé de procuration de mon cessionnaire
M. Gérin, a dû se présenter depuis quelques jours à V. Exc.
Je suis certain que cette résolution extrême que mes besoins
réclamaient depuis si longtemps et d'une manière si impérieuse, résolution nécessaire même à mon honneur, sera
jugée par V. Exc. conforme en tout à la justice. Mes créances résultant d'une volonté souveraine reposent sur des
bases telles que je ne peux avoir aucune crainte sur leur
solidité ; et je n'oublie pas ce que V. Exc. eut la bonté ou

plutôt la noble franchise de me dire à ce sujet à Lucques au mois de mai 1827. M. Gérin, et pour lui M. Gaillard, n'aura sans doute pas à se repentir d'avoir traité avec moi. Je serais très-affligé s'il s'élevait des oppositions (d'ailleurs sans force devant l'équité des tribunaux), car désormais je ne pourrais plus empêcher mon cessionnaire de faire valoir ses droits comme il le jugerait convenable. Mais qui oserait donner à S. A. R. le conseil de violer sa parole de souverain? Cette idée me tranquillise, et je compte aussi que V. Exc. fera tous ses efforts pour que les actes de la munificence souveraine ne soient pas soumis aux débats de la justice.

« Je suis, etc. [7]

A Lucques, la négociation fut menée lentement. M. Gaillard y perdit trois grands mois pour ce qu'on eût pu accomplir en trois jours. Je ne dirai pas d'où venaient ces retards qui me causaient tant de peine. A la fin cependant, des propositions furent faites de la part du Prince, onéreuses, dures et bien étranges pour moi. Et pourtant j'allais m'y soumettre, quand tout à coup, soit lassitude, soit impatience, certes par une fatalité inexplicable, à l'instant même où l'affaire pouvait se conclure, lorsque tout paraissait convenu entre le débiteur et le créancier, lorsqu'on était prêt à s'exécuter de part et d'autre avec la meilleure grâce possible, voilà que le mandataire a, dit-il, des raisons très-urgentes pour revenir à Paris; il abandonne les négocia-

tions à demi conclues, et me voilà, malheureux !
aussi peu avancé que jamais.

J'avoue que ce fut là pour moi une péripétie
inattendue. Que pouvais-je faire? sinon reprendre ma qualité de créancier, et choisir un repré-
…entant plus patient et plus habile.

Cette fois, un de mes frères fut chargé de mes
pouvoirs. Aussitôt, au mois de janvier 1835, il
se rendit à Lucques, porteur de ma procuration,
pour transiger *spécialement* et *uniquement* aux
mêmes conditions qui avaient été faites à M.
Gaillard par les ministres du duc, et en son
nom [8].

Paris, 20 octobre 1834. — « Voici, mon bon frère, pour
mon affaire de Lucques, une procuration faite, écrite et
signée par moi.

« Tout le monde sait quelle a été ma vie de continuelle
souffrance depuis huit ans........................

« Depuis trois ans, tu le sais, il n'a pas manqué de gens qui
sont venus m'offrir leurs services, pourvu que je leur abandonne *les titres certains et incontestables de mes droits*, que
j'ai toujours refusé de faire valoir en justice, par un sentiment de reconnaissance et d'attachement pour le duc de
Lucques (et remarque ici que je n'avais pas besoin de solliciter le consentement du prince, puisque les décrets royaux
portent textuellement : *que j'ai toute liberté de céder mes
créances sur lui à qui bon me semblera ; promettant et assu-
rant une fois pour toutes de considérer mes cessionnaires
comme ses propres créanciers*).

« Mais quand mes embarras sont poussés à l'extrême, il me devient indispensable, pour l'acquit même de ma cons-cience, de prendre un parti si longtemps différé.

« D'une part, mes créanciers attaquent mon honneur, di-sant partout que mes créances sur S. A. R. *sont illusoires;* que si elles avaient quelque fondement, ma position per-sonnelle aurait dû depuis longtemps m'engager à passer par-dessus toute autre considération. Je ne peux donc tarder ultérieurement, si on ne me rend pas justice, à publier tous les documents de cette affaire.

« D'une autre part, après l'emploi des moyens légaux les plus humiliants et les plus coûteux, qu'en est-il résulté? tu le sais; et que suis-je enfin devenu?....................
....

« Il était bon que je t'écrivisse tout cela pour t'éclairer sur ce que tu auras à faire. Courage donc, attention et acti-vité ; il dépend de toi de réparer le mal que l'on m'a fait, de rétablir mes affaires et de me tirer d'un pareil enfer....» — 24 *octobre* «.......Aujourd'hui je ne peux plus, quoiqu'il m'en coûte, je ne peux plus comme par le passé m'astreindre à des égards d'une délicatesse outrée ; autrement on pourrait dire que ce serait tout perdre faute d'un point. Si j'en ai tant gardé jusqu'à ce jour, c'était pour ne pas me donner tort devant l'opinion publique; mais maintenant!..... et d'ailleurs, en toute chose, l'opinion publique ne se prononce-t-elle pas en faveur de celui qui réussit? Eh bien ! je réussi-rai ! mon droit est assez bon pour que je compte sur la vic-toire. Songe qu'il est indispensable pour moi, non-seulement de rentrer dans mes fonds, mais de les avoir vite et assez vite........» — 15 *novembre* «........ Les documents légaux remis en dernier lieu à M. Gaillard, doivent déjà être parvenus en tes mains avec ma lettre du 10 courant.

«La procuration que je t'ai envoyée par le courrier du 28 octobre dernier, t'a bien fait connaître que *tes démarches sont entièrement libres de toute dépendance d'avec d'autres personnes.*

« Ne t'endors pas, je t'en supplie, mon frère !

« Tu m'écris : « Martini ne t'a donc pas fait savoir qu'une « commission légale, assemblée à Lucques par ordre du « Prince lui-même, a reconnu et fixé tes droits? On ne t'a « donc pas dit que la même commission avait déjà proposé « au duc le payement de tes créances, avant qu'il quittât « Lucques en décembre 1833? et bien plus, que le marquis « Massoni avait donné son approbation au projet de la com- « mission? »

«Rien ne m'a été communiqué; tout cela m'est resté caché jusqu'à ce jour.

« Tu dis que, *s'il n'y a pas d'autres obstacles que le manque de fonds, comme en mars dernier après le rapport de la commission, on offre de nouveau de l'argent.*

« Écoute donc bien ce que tu as à faire :

« Aller à Lucques, mais sans aucun retard, muni de tous les documents nécessaires à la conclusion de mon affaire; porter avec toi, tout préparé, un acte de transaction au moins préliminaire; te présenter devant le Prince, mais *sans aucun avis préalable;* lui parler de la commission instituée par lui-même, et t'adressant à son excellent cœur, lui dire : « Altesse! mon frère, toujours dévoué à V. A., toujours plein de reconnaissance pour elle, a déjà souffert et trop souffert jusqu'ici dans ses intérêts et dans son avenir; ce n'était pas là ce que V. A. s'était proposé, quand elle comblait mon frère de ses bienfaits, quand elle en écrivait à Léon XII et en recevait un bref de remercîment. Mais depuis 1827 tout cela est bien changé; depuis que la jalousie et l'envie l'ont abattu, depuis qu'à partir de juillet 1831 tous ses droits ont été méconnus. Aujourd'hui il ne lui est plus possible de rester dans une position contraire à ses devoirs, à son caractère et à sa conscience. Que S. A. R. veuille donc lui donner satisfaction; sinon qu'elle ne soit pas mécontente de lui si, sans perdre un temps que sa triste situation lui rend trop précieux, il est forcé d'adopter les mesures que les lois et la justice lui fourniront pour assurer promptement l'exercice de ses droits. »

« Le manque de fonds, l'embarras du trésor est le seul obstacle que tu peux rencontrer. Personne n'a un cœur plus compatissant que le prince, personne ne respecte plus la justice. Cet obstacle levé, grâce aux fonds qui lui sont offerts, à ce que tu en dis, tu termineras tout *sur-le-champ.*

« Songe qu'un seul moment perdu peut être la cause de ma ruine.....» — 22 *décembre* «..... J'espère que tu as reçu maintenant des nouvelles de Lucques; fais ce que tu dois faire, et *bien* et *promptement.* Conserve toujours le même cœur et le même courage que dans ta lettre du 26 novembre, et tout ira bien. Mais surtout n'oublie pas que j'ai besoin à *l'instant* de 32,000 fr., qu'il faut que je paye en janvier prochain....»—31 *décembre* «..... Souviens toi que je n'ai plus de temps à perdre; que pour les derniers jours de janvier, ou les premiers de février, j'ai besoin ici de 32,000 francs, sans quoi je suis perdu; que pour les avoir je consens à tout; et que je ne demande enfin que ce qui m'appartient. Songe aussi que depuis que je t'ai remis mes pouvoirs, *j'ai parlé uniquement de toi et avec toute sécurité, à tous ceux à qui je dois; et que j'ai mis en avant non-seulement ton affection fraternelle, mais encore ton honneur.....*»—15 *janvier* «...... J'ai reçu ta chère lettre du 5 courant, datée de Lucques; elle m'a rendu à la vie. *Ainsi donc je peux compter que dans*

*le courant du mois je serai délivré de mes affreux tourments;
et tout sera terminé comme je l'ai proposé.* Que Dieu t'en
récompense! Maintenant mon cœur se dilate; encore dix à
quinze jours *tout au plus,* et je serai sauvé!...» — 18 *janvier*«.... Au milieu de mes peines j'ai encore recours à ton
cœur: relis, je te prie, mes lettres inscrites sous les nᵒˢ 49 et 54.
Mais je crois superflu d'insister sur un si triste sujet, après
les assurances positives que tu as eu la bonté de me donner
dans ta lettre du 5 courant, me disant *que mes peines fini-
ront dans le courant du mois.....»——22 janvier*«.....Je te
remercie de ta lettre du 12 courant, mon bon frère, je te
remercie de tout ce que tu fais pour moi. Mais tu m'écris
tellement à la hâte, que je ne sais autre chose, sinon que tu
travailles des pieds et des mains pour me tirer d'affaire. Je
te prie, accélère les mesures qui doivent me rendre le repos.

« Je perds le courage, et c'est une bien grande charité
que de m'épargner deux jours, un jour même, d'un pareil
martyre........ [9]

Le martyre ne devait pas finir de sitôt!.... Mon
frère ne trouve plus à Lucques les hommes, les
sentiments, les dispositions sur lesquelles il devait compter. Il croyait n'avoir plus qu'à signer
des conventions arrêtées entre les deux parties;
et il s'agit, au contraire, de recommencer la
bataille, bataille du faible contre le fort, de
l'absent contre le présent, du débiteur contre le
créancier; bataille inégale, peu courtoise; bataille pour de l'argent qui est dû contre une
dette sacrée! Lui, qui s'attendait à une réception
bienveillante, surpris par ces attaques imprévues,

intimidé par les cris, les reproches, les menaces
de ceux qui l'entourent, il oublie mon mandat
impératif et mes lettres; il oublie qu'il y a des
juges à Lucques comme il y a des juges à Vienne,
et, le couteau sous la gorge (je n'ai pas d'autre
nom à donner aux violences consignées dans le
procès-verbal de ces étranges conférences), il
consent le 20 janvier à signer un acte de transaction, un acte d'argent perdu, qui réduit encore
ma créance de beaucoup plus qu'elle ne l'avait
été auparavant! Et cette créance ainsi réduite,
on la payera d'année en année par douzièmes;
et même le premier n'est payable qu'en décembre prochain (nous sommes au 20 de janvier);
et pendant douze années la somme ne portera
pas d'intérêts!

Assommé par cette nouvelle, l'indignation me
prit, et je fus tenté de répondre qu'on avait
trompé S. A., et qu'elle ne voudrait pas souffrir
en son nom une injustice pareille. En effet,
j'étais dans tout mon droit, et ma réclamation
eût été légale; mon mandataire avait dépassé
ses pouvoirs, et ma procuration n'était valable
et ne pouvait être valable que jusqu'à concur-
rence de la somme à laquelle j'avais renoncé.
Non, je ne pouvais me faire à l'idée que l'intérêt
l'emportât sur l'honneur, et que le cœur d'un
prince ne fût plus l'asile de la bonne foi! Je ne

pouvais pas, je ne devais pas souffrir cette raillerie, acquiescer à cette spoliation! Et pourtant, en vue des engagements que je brûlais de remplir, et comme c'était sur moi seul que portait le coup, je ne déchirai pas ce contrat qui me dépouillait, et je dévorai dans mon cœur l'outrage des indécentes expressions qu'on y avait insérées, et j'acceptai, sans me plaindre, l'humiliation, la ruine; et puisque j'étais en train de sacrifices, puisque l'onéreuse transaction *m'autorisait formellement à céder mes droits sur les douzièmes annuels,* je ne songeai plus qu'à me défaire de ce reste, et à perdre encore quelque chose sur toutes ces pertes, pour satisfaire au plus tôt mon créancier.

Mon créancier! le voilà donc lâché ce grand mot! Jusqu'à présent j'ai personnifié la dette tant que j'ai pu; je lui ai donné, pour me cacher la vérité à moi-même, l'habit, le geste, le visage, les habitudes, les professions de ces hommes à l'usage desquels a été bâtie la prison pour dettes, et je la croyais à leur usage exclusif. En énumérant en moi-même tous les petits coups d'épingle qui m'ont percé le cœur, j'ai éloigné de mon esprit, autant que je l'ai pu, l'image et le nom de *mon créancier,* et sa figure, et sa parole, et son geste, et son regard, si bienveillant d'abord.......

Mais il est mieux de revenir à mon frère, qui m'écrivit de Rome, qu'aussitôt qu'il aurait reçu une procuration spéciale pour aliéner ma créance, il m'enverrait, courrier par courrier, cet argent dont j'avais tant besoin. Ses missives étaient bien précises, et j'avais soin de les mettre sous les yeux de mon créancier, en lui traduisant les passages où il était question de l'affaire. Il avait déjà toute ma confiance; il était dans tous mes secrets; il connaissait, aussi bien que moi, tous les incidents de ma fortune. Sans qu'il me l'eût demandé, je lui avais même fait une obligation de ma dette; il eut même la bonté d'en dresser lui-même la minute; et s'il l'accepta, ce fut uniquement pour me complaire, car pour lui, il était si convaincu de ma loyauté, qu'il mit l'obligation dans son portefeuille comme si c'était la carte de visite d'un ami, et sans avoir l'air d'y penser davantage.

Mais moi j'y pensais bien, en relisant à toute heure les lettres que je recevais de mon frère. C'était d'abord une espérance, puis c'était une assurance; je n'avais plus qu'à toucher de l'argent; je le toucherai ce soir, demain peut-être, tout à l'heure si je veux [a].

[a] Le déménagement rapide d'un homme qu'on va jeter en prison, entraîne toujours des dommages. Parmi les papiers que j'ai perdus dans mon funèbre convoi à la rue de Clichy, je regrette quelques-unes de ces lettres.

Lucques, 19 *janvier* 1835. —..... « Ce n'est que demain
que l'acte de transaction sera terminé, et dès qu'il sera
revêtu des formalités nécessaires,je t'enverrai de suite à Paris
ce dont tu as besoin. N'en doute pas un instant. » — *Le*
20 *janvier*. « L'acte a été conclu et signé ce matin ; j'ai fait ce
que j'ai pu ; je prie Dieu que tu sois content. Avec l'acte en
main j'aurai de suite l'argent qui t'est nécessaire ; mais pour
cela il faut que tu m'envoies, par retour du courrier, une
autre procuration qui m'autorise à réaliser les fonds dont tu
crois avoir besoin. Ta procuration du 20 octobre dernier
me donne la faculté d'entrer pour toi en transaction et con-
ciliation avec le Prince, mais ne me confère pas le pouvoir
de céder ou de négocier tout ou partie du prix de la transaction à intervenir. Envoie-moi cette procuration à Rome
où je serai lundi prochain. Avec les actes régularisés, et
d'après *les démarches que j'ai déjà faites, je n'ai pas le
moindre doute de pouvoir réaliser les sommes dont tu as
besoin, aussitôt la procuration arrivée.* J'ai d'ailleurs disposé
à Rome de puissants moyens pour te faire gagner plus qu'il
ne m'a convenu de céder et de te faire perdre à Lucques. »—
Le 24 *janvier*. « J'ai déjà quelqu'un à Rome qui a promis
d'employer tout son crédit au service de tes intérêts ; et, je te
le répète, aussitôt ta procuration arrivée, j'aurai les fonds
qui te sont nécessaires. »—*Le* 31 *janvier*. «Envoie-moi promptement ta procuration et tu auras tout de suite de l'argent.»
— *Rome le* 4 *février*. « J'attends ta procuration ; dès que je
l'aurai reçue je t'enverrai de l'argent. »—*Le* 10 *février*. «Vite,
vite ton pouvoir, si tu veux avoir promptement ce que tu
désires. »—*Le* 14 *février*. «Aussitôt que j'aurai ta procuration,
tu seras servi. *Les choses sont déjà sur un pied tel que je
peux et je dois t'affirmer que tes tourments cesseront à
l'instant.* »—*Le* 17 *février*. « J'ai reçu ta procuration. La semaine prochaine ou plutôt cette semaine peut-être je sau-

rai.... .... On me donne sur le contrat de Lucques, sans intérêts ni escompte d'aucune sorte, tout l'argent dont tu as besoin...... Je renonce alors aux fonds que l'on m'avait offerts avec une perte d'intérêts. *Je ne te demande pour tout terminer que le temps absolument né-cessaire.* Ou dans huit jours on me donne tout ce qu'il te faut sans aucune perte ; ou, six jours après, avec une perte en suivant ta proposition : je prends donc ta première offre, puisque le délai n'est pas long. » — *Le même jour plus tard.* « Je reviens à la maison après avoir vu..... *et je t'annonce définitivement que j'aurai tout ce dont tu as besoin sur ta créance de Lucques, sans intérêts ni escompte, et tout sera ter-miné dans huit jours.....* Ce que je t'avais fait perdre à Lucques est regagné à Rome et au delà. » — *Le 19 février.* « Tout ce que je t'ai écrit dans mes autres lettres se confirme, et j'ai tout lieu de croire à la plus heureuse réussite. Tu seras content, je l'espère, *et les huit jours dont je t'ai parlé, ne se passeront pas sans que mon œuvre n'arrive à bonne fin.* » — *Le 24 fé-vrier.* « J'ai reçu ta dernière lettre sous le n° 62. Mais rassure-toi encore une fois ! *Je te répète que d'ici à trois ou quatre jours je pourrai te tirer de peine.* Je t'écris peu de chose aujourd'hui, parce que je suis très-fatigué et un peu malade, mais ce que je te dis suffira pour te tranquilliser. » — *Le 28 février.* « Mardi prochain j'aurai les nouvelles tant désirées sur le résultat de mes démarches dans ton intérêt, et les raisons les plus fortes me font croire que le résultat sera très-satisfaisant. » — *Le 5 mars.* « Je travaille sans perdre une minute à l'heureux achèvement de mon œuvre. Et tu ne dois pas te livrer au chagrin, *maintenant que je peux t'assurer positivement que l'instant approche où ton honneur ne courra plus aucun danger.* Et cette considération est le vrai et le meilleur prix de mes fatigues. » — *Le 6 mars.* « Mon cœur se serre pour les délais qui retardent l'envoi de tes fonds. Mais pourtant, mon Dieu, *quand les choses sont assurées , et qu'il ne s'agit que d'un délai de quelques jours ;* et quand ce délai te fait gagner cinq mille écus et peut-être davantage , que tes créanciers ne peuvent pas avoir la cruauté de te faire perdre, ce n'est pas là un malheur dont tu doives te laisser abattre. *Mon projet marche rapidement vers sa fin, et je suis arrivé au terme de mes fatigues.*

«Le contrat de Lucques a été trouvé parfaitement en règle, et la lettre du duc au saint-père donne une nouvelle force à l'acte lui-même. Je te répète que l'on prépare les moyens d'exécution du projet et que tout sera fini dans la journée ; dis-le à tous ceux qui peuvent y être intéressés. » — *Le 10 mars.* «Hier au soir j'ai reçu ta lettre sous le n° 68. *Tout serait terminé en ce moment*, si la fatale nouvelle de la mort de l'empereur d'Autriche, arrivée ici samedi soir, n'avait un peu occupé les esprits.»—*Le 12 mars.* « La mort de l'empereur m'a fait perdre trois jours entiers ; c'est une nouvelle qui trouble beaucoup de personnes , et qui cause du retard dans les affaires. *Mais la nôtre est déjà en bon train, et je peux t'assurer que le retard ne sera que de quelques jours. Je crois que samedi tout sera terminé.* »—*Le 14 mars.* « J'ai aujourd'hui ta lettre sous le n° 69..... Compte que je t'écris par tous les courriers ; malheureusement je ne peux avoir que demain les conclusions de l'affaire : règle-toi là-dessus jusqu'à l'arrivée de ma première lettre. . . . . » —*Le 24 mars.* «Aujourd'hui que la maladie me laisse un peu de relâche, j'ai reçu toutes à la fois tes lettres jusqu'au n° 76. Mon Dieu, quelle médecine ! Je ne t'en fais pas un reproche, car je te sais si malheureux, que je ne peux que pleurer sur toi. Tu as raison, cent fois raison, non contre moi, mais contre les autres ; tes propositions étaient les meilleures. . . . . plus rien. . . . . . . Tu avais raison et moi tort, je le confesse.

«La Banque romaine, ou la maison Landi-Roncadelli de

Bologne, prendront ton contrat; c'est cette dernière qui s'était d'abord offerte, et cette ressource reste toujours. Mais je me sens incapable de décider quel parti convient le mieux; et je suis maintenant convaincu que de Paris tu vois les choses mieux que moi....... *Je ne m'occupe plus que d'une seule chose, de tes fonds pour Paris ; et cela fini je partirai, car on me réclame avec instance.* » — *Le 26 mars.* «Je ne suis pas encore en état de t'écrire longuement, ni de répondre à tes nombreuses lettres. Mais *j'espère t'écrire sur ce qui t'importe le plus : j'aurai les quatre-vingt-dix mille francs* des personnes qui s'étaient déjà engagées avec moi, et que j'avais refusées par des raisons qui étaient certainement dans ton intérêt. *En outre, tu auras ici, à Rome, les fonds que par ta lettre du 2 février tu demandes à y avoir à ta disposition.* Je dois tout à Mgr. Corsi et à l'avocat Ruelle, et c'est à eux que je laisse en partant le soin de ton affaires. Ne t'inquiète pas si je ne t'écris plus d'ici. *Mais sois parfaitement tranquille, tes fonds seront prêts dans peu de jours, et peut-être à l'instant même.* Personne n'aurait pu mieux faire et plus vite.»—*Padoue, 3 avril.* «Tu vois d'où je t'écris. Samedi, après que j'eus mis à la poste ma dernière lettre, je reçus de l'ambassade autrichienne une dépêche de Venise, qui me mandait à Trévise pour le 1er courant; je n'eus que le temps de fixer les derniers arrangements avec Mgr. Corsi et l'avocat Ruelle, et ils s'entendront ensemble pour réaliser les fonds de ton contrat de Lucques : *pour toi de suite quatre-vingt-dix mille francs, et à Rome à ta disposition les sommes que tu as déjà fixées.* C'est à S..... que tu dois connaître, qu'est due la réussite de l'affaire; écris-lui. Si une maladie mortelle ne l'avait pas mis dans l'impossibilité d'agir, *depuis 40 jours tu aurais eu l'argent.....* Tu dois avoir reçu à ce sujet des lettres de l'avocat Ruelle, et aussi de Mgr. Corsi.....*J'écris aujourd'hui encore à l'avocat afin qu'il hâte tout ce qui con-*

cerne l'encaissement et l'expédition des quatre-vingt-dix mille francs, comme nous en sommes convenus. C'est la Banque romaine, grâce à S...., qui fait l'affaire.

« .... Tes lettres sous les n°s 80 et 81, m'arrivent à l'instant de Trévise; elles me font pleurer. Tu as été trop malheureux jusqu'ici; mais sois certain que ton malheur va cesser. Je te le répète, Ruelle aura sans faute les quatre-vingt-dix mille francs et te les enverra. Si cet ange de S.... n'était pas malade, tu les aurais reçus depuis plus d'un mois. »

— *Trévise, le 10 avril.* « L'avocat Ruelle avec le cher S.... s'occupe de réaliser et de t'envoyer sur-le-champ la somme entière de quatre-vingt-dix mille francs, et, à cette heure, tu dois être sans doute tranquillisé. La maladie mortelle de S.... a été la seule cause du retard; *mais en ce moment je dois croire que tout est terminé.*

.... « Je ne te dirai rien de mes fatigues et de mes efforts : d'autres t'en parleront, et pourront te dire si j'ai agi en bon frère. Mais je suis bien malheureux, qu'après toutes mes peines, d'autres que moi en recueillent le fruit, et aient le plaisir de terminer mon ouvrage [10].

Ces lettres si positives répondaient aux miennes toujours remplies des instances les plus fortes et les plus pressantes.

Paris 2 février 1835. — « J'ai reçu depuis deux heures ta lettre du 20 janvier; j'espère que tu voudras bien me laisser jusqu'à vendredi pour y répondre; d'autant plus que la chose est terminée et qu'il n'y a plus rien à y faire.

« J'ai besoin d'ailleurs de quelque temps pour revenir de la surprise que m'a causée l'issue tout à fait inattendue de cette affaire. Je devais compter sur autre chose d'après

toutes tes lettres de Trévise et de Lucques, et spécialement
d'après celles des 5, 9 et 12 janvier....... En outre, je ne
puis concevoir comment le duc n'ait pas voulu profiter des
sommes qui lui étaient offertes.

« Tu me demandes une procuration par retour du courrier, la voici; mais si elle t'est si nécessaire, tu devais le
prévoir, toi qui savais d'avance, comme il le paraît par tes
lettres des 15 et 19 janvier, quel devait être le résultat de
de la transaction (résultat dont je ne connaissais pas le premier mot); et quant à l'acte notarié, pourquoi ne me le de-
mandais-tu pas d'avance pour ne pas perdre un temps si
précieux et m'exposer à de si terribles conséquences !........

«......Dans la procuration tu trouveras un pouvoir seulement pour deux cent mille francs; envoie-moi ici à l'instant
quatre-vingt-dix mille francs; tous mes engagements payés,
je dois retourner en Italie, et j'y retourner le plus tôt possible.
Tu déposeras à la banque de Rome cent mille francs qui
resteront à ma disposition : quant aux autres dix mille francs,
tu feras ce que tu voudras.

« Par les vœux que j'adresse à Dieu pour tes enfants, ne
perds pas un instant pour me tirer de peine. » —*Le 5 février.*
«...... Tu vois, d'après tout cela, s'il m'est possible d'attendre plus longtemps les fonds qui me sont nécessaires. Je
te supplie à mains jointes de mettre fin à mon martyre........ »
— *Paris 9 février.* « Que m'écris-tu de Lucques : *Que tu
penses ne faire qu'un court séjour à Rome ?* Par charité n'en
sors que tout ne soit tout à fait terminé. J'espère qu'en attendant ma procuration tu auras toujours préparé les fonds;
et dès que tu l'auras entre les mains, tu termineras l'opéra-
tion, et tu me les expédieras immédiatement. Songe que mon
honneur et le repos de ma vie sont en ce moment entre tes
mains. » —*Le 14 février.* « Ma procuration, comme je te l'ai
écrit dans ma lettre du 2 courant, contient les pouvoirs suf-

fisants pour toucher la somme dont j'ai besoin ; mais envoie-la-moi sur-le-champ !...... Chaque jour qui se passe, comme tant d'autres déjà passés, est pour moi un jour d'agonie......»
— 20 *février*. « Deux lignes seulement par ce courrier, car j'ai la fièvre. Mais deux lignes pour te répéter ma continuelle prière : les fonds, vite les fonds, vite, et la quantité que je demande. » — 22 *février*...... « Maintenant je répondrai à ta lettre du 10 courant. Je crois inutile de te redire mes angoisses dans l'attente des fonds dont j'ai besoin, angoisses qui me font mourir à chaque instant. A cette heure ta charité fraternelle doit avoir déjà tout terminé. J'attends le résultat de jour en jour ; j'en ai donné et j'en donne continuellement l'assurance à mes créanciers..... » — 25 *février*. « Je ne peux t'exprimer combien je souffre quand le courrier ne m'apporte pas de lettre de toi. Je comprends bien que tu n'aies pas toujours quelque chose à m'écrire, mais que veux-tu ? tout m'effraye. Dieu veuille que demain ou après-demain je reçoive la nouvelle de mon salut, et en même temps les moyens de l'assurer, les fonds qui me sont si nécessaires !

« Le temps s'écoule rapidement et l'époque où je dois remplir mes engagements me presse et me menace ! Mais c'est douter de toi que de craindre. » — *Le 27 février*. « Je te remercie du fond du cœur de ta lettre du 14 courant. Elle m'assure *qu'aussitôt ma procuration reçue, mes peines cesseront à l'instant.* Je suis donc sans crainte, puisque depuis le 15 tu dois l'avoir reçue des mains du cardinal de Gregorio.» — *Le 1ᵉʳ mars.* « En réponse à ta lettre du 17 février, je t'avoue que, d'une part, pour terminer plutôt, et de l'autre, par un certain amour-propre, *je donnerais la préférence à ceux qui me feraient subir une perte d'intérêts.*

« Termine sans autre délai. Et d'ailleurs quand la perte serait énorme, il me restera l'honneur qui vaut plus que tout le reste. Au moins cette fois j'aurai fait ma volonté ! .

« Tu me parles encore d'un court délai : je te répète que je ne peux plus en admettre aucun ; crois-le bien, je t'en fais le serment. D'après tes lettres des 21 et 24 janvier, et des 4 et 7 février, je devais croire que tout était terminé. Je n'ai plus aucune certitude pour le présent, et je tremble pour l'avenir. »— *Le 2 mars.* « Tu me dis dans ta lettre du 19 février *que tout t'assure de l'heureux résultat de tes démarches.* C'est bien ; mais songe que les jours et les heures même de retard sont pour moi une agonie continuelle. Je me soumets à tous les sacrifices d'intérêts, pourvu que mon honneur soit sauf...... Envoie-moi, mon frère, envoie-moi l'argent dont j'ai besoin ; c'est là le seul, le vrai point intéressant pour moi. Pour le reste, permets-moi de ne pas m'en inquiéter : je ne veux pas perdre tout à fait le sommeil..... » — *Le 6 mars.* « ..... Je ne te répéterai pas que si tu m'avais demandé la procuration assez à temps, comme tu le pouvais, toi qui étais au courant de l'affaire, tandis que moi je n'en savais pas un mot ; si au lieu de.... comme je serais tenté de le croire, et sans perdre le temps avec......., tu avais, sans t'arrêter aux pertes que j'étais et que je suis encore disposé à supporter, tu avais profité des sommes que depuis le mois de janvier tu me promets dans toutes tes lettres *sans aucun doute, à l'instant même,* dès que tu auras ma procuration ; si enfin tu avais suivi au moins pour cette fois mon avis, je ne serais pas encore livré aux tourments qui me déchirent l'âme. »—*Le 8 mars.* «J'attends encore, comme les âmes du purgatoire, la réalisation de tes assurances, si souvent répétées, que tout allait se terminer d'une heure à l'autre.

« Mais sais-tu que tout cela est pour me faire mourir ! Eh ! que m'importe de perdre peu, ou de ne pas perdre, quand mon honneur dépend de la promptitude du résultat !

« Je crains que tu ne regardes ce que je t'écris comme une

exagération, et que tu ne te presses pas de me tirer d'une position insupportable pour un homme de mon état........ Ma seule espérance est que pendant que je t'écris, les fonds soient déjà en route. En un mot, *je ne demande que ce qui est à moi*, et je sais par quelles raisons impérieuses et péremptoires je le demande......... Enfin il me faut mon argent, *et tout de suite. Peu m'importe si je reste ensuite en chemise; j'aurai rempli mes engagements et satisfait à l'honneur de ma parole ; je mourrai de faim et de froid, mais je mourrai honorablement.*» — *Le* 13 *mars.* «..... Je me borne à te rappeler l'horreur de la situation dans laquelle tu me laisses, si je ne reçois pas à l'instant les fonds dont mes engagements m'imposent l'indispensable nécessité. En attendant, chaque jour je fais espérer et j'assure que si ce n'est pas pour le premier courrier, ce sera pour le second........ Tes lettres m'y autorisent; je les fais lire et j'en donne des copies. Songe que non-seulement mon honneur, mais le tien aussi y est intéressé.» — *Le* 15 *mars.* Dans ta lettre du 28 février tu me *dis que le mardi suivant tu auras les nouvelles désirées sur le résultat de tes démarches; et que tout te porte à croire que ce résultat sera très-heureux.* Eh! mon frère, ce ne sont pas des nouvelles que j'attends et que je te demande! et je te prie d'en finir. De l'argent! de l'argent! pour retrouver mon repos et sauver mon honneur! voilà ce que je demande, ce que j'attends depuis si longtemps, qu'en vérité mon âme en est déchirée..... Dans ta lettre du 17 février tu me dis: *Ou dans huit jours on me donnera ce qu'il te faut, sans perte; ou dans six jours je ferai l'affaire comme tu le désires, avec une perte d'intérêts; je choisis donc la première offre, puisqu'il s'agit d'un si court délai.* Or, du 17 au 28 il y a 12 jours, et je suis encore avec l'espérance, et tu ne penses pas encore sérieusement à terminer mon supplice. Par charité, dis-moi enfin quelque chose de positif; que je vive ou que je meure, maìs que je sorte de cet enfer!..... » — *Le 22 mars.* « J'ai reçu en même temps tes deux lettres des 5 et 6 courant; elles ont été comme un baume pour mon cœur. Je les ai fait voir aussitôt aux personnes qui y sont si intéressées... Ainsi, peut-être demain ou jeudi au plus tard, j'aurai mon argent! Sois béni! Je dirai à tout le monde que je te dois tout, et à toi seul........ » — *Le 25 mars.* « Demain donc, demain j'espère que j'aurai tes lettres avec les lettres de change; et la semaine prochaine je serai délivré de mes terribles angoisses. Ainsi je pourrai commencer tout de suite les préparatifs de mon départ. Avant d'avoir l'argent nécessaire pour payer tout et tout, je n'aurais jamais pu rompre mes chaînes. *Je serais mort ici plutôt que de laisser une seule obole de dette ; j'aurais souffert les insultes et les violences, plutôt que de me laisser accuser d'être parti sans avoir fait honneur à mes engagements.*»—*Le 29 mars.*«J'espérais tout du courrier d'hier, et rien encore !..... Aie pitié de moi, je t'en supplie; rappelle-toi les assurances si positives qui m'ont compromis ici; songe qu'après l'aveugle confiance que j'ai mise en toi, tu dois me sauver. Il ne sera plus temps si dans quatre ou cinq jours je n'ai pas reçu ce que tu me fais attendre depuis si longtemps! »—*Le 2 avril.* «...., mais je ne comprends pas ce que peut avoir à faire la mort de notre empereur avec mes affaires pécuniaires......, et d'ailleurs, après. tout, combien de fois ne t'ai-je pas supplié de m'arracher à ce supplice sans considérer aucune perte, et à quelque prix que ce soit?.... Et tu ne veux pas comprendre que mon honneur va se perdre !.... Mon argent!.... qu'on me rende une fois justice si on n'a pas compassion de moi. J'ai de nouveau la fièvre depuis hier; je suis dans la dernière inquiétude; j'ai montré tes lettres et l'on m'a ri au nez, et ou a raison. »—*Le 3 avril.* «.....Et tu me reproches de ne pas retourner à Rome; mais est-il possible que tu ne comprennes pas encore que non-seulement je ne peux partir, mais que je ne peux même en former le projet! Cela ne peut pas faire question pour moi, tant que je n'aurai reçu ce que je te demande. Et songe que je ne demande que ce qui est à moi!..... *Partir de Paris sans payer mes dettes! plutôt mourir mille fois!........»* — *Le 7 avril.* «....., mais paye tout ce que la cupidité demande, pourvu qu'enfin mon supplice se termine!..... Tu ne penses donc pas, mon Dieu, que le plus petit délai est pour moi la mort!..... » — *Le 10 avril.* «.....*Tu m'écris : Sois parfaitement tranquille...... j'aurai les quatre-vingt-dix mille francs dans peu de jours, peut-être tout de suite :* ainsi je les aurai demain, *amen, amen!* Après toutes les déceptions dont j'ai eu tant à souffrir, je ne peux et je ne dois pas y croire..... J'ai montré ta lettre du 26 mars.

« Lundi on viendra recevoir....... il faut donc que j'aie les traites demain afin de pouvoir les négocier dans la journée....» — *Le 12 avril.* «Hier tout devait me faire croire que je recevrais une lettre de toi avec les traites de quatre-vingt-dix mille francs : rien encore!..... Ce nouveau retard après tant d'autres, achève de détruire cette tranquillité que tu me recommandais dans tes précédentes lettres. Que dois-je croire?..... que tu me trompes, toi aussi!.... O grand Dieu, enlevez-moi promptement de ce monde! Tu m'abandonnes à un supplice pire que le purgatoire... Eh non! mes plaintes ne sont pas des exagérations, je l'ai trop prouvé pour qu'on puisse le croire. Dieu le sait et m'en est témoin; je suis las de tout et de moi-même. Adieu,»—*Le 14 avril.* «J'ai reçu ta lettre de Padoue du 3 courant : *Ruelle !.... réalisera les fonds du contrat de Lucques,.........;* et ta lettre du 10 avril qui disait : *Sois parfaitement tranquille !..... j'aurai les quatre-vingt-dix mille francs dans peu de jous, peut-être tout de suite !.....* et immédiatement avant cette lettre, celle du

12 qui disait : *Je ne m'occupe plus que d'une seule chose,
de tes fonds, et cela fini je partirai........ et tu es parti, et
Ruelle réalisera!....... Mais crois-tu que je puisse conserver
mon honneur avec de vaines paroles? qu'elles me fassent
vivre, et qu'elles suffisent pour remplir mes engagements ?
Nous verrons encore ce que la poste de jeudi m'apportera;
mais après cela, je ne peux plus te promettre d'avoir encore
de la patience : oh non! après avoir perdu mon honneur! ¹¹*

Par les inquiétudes, les terreurs qui m'agitaient
alors que j'espérais, que j'étais sûr de pouvoir
m'acquitter d'heure en heure, que l'on juge donc
de mon effroi, de ma stupeur, le dirai-je? de
mon délire, quand tout à coup plus de nouvelles, plus de réponses. Moi manquer à ma parole! moi accusé peut-être de mauvaise foi, de
mensonge! Hélas! et que j'étais loin de savoir
encore toutes mes misères à venir! Je ne pensais qu'à mon créancier, et c'était à cause de
lui.... Je ne veux pas m'appesantir à l'avance
sur mes déceptions. J'ai besoin de mes forces
pour remplir la tâche pénible que je me suis
imposée.

Mon frère, soudainement rappelé par les devoirs de sa charge, n'avait pas quitté Rome sans
y laisser, ainsi qu'on l'a vu dans ses lettres,
muni de ses pouvoirs M. l'avocat Ruelle, patri-
cien lucquois, qui devait poursuivre les négociations commencées pour céder à la Banque

romaine une partie de ma créance. Aussitôt me voilà me rattachant avec une nouvelle ardeur à cette espérance nouvelle, et tout de suite en relation avec lui.

— *Paris,* 17 *avril* 1835. «...... Et si mes créanciers viennent me honnir et me menacer, ils auront grandement raison : je les ai trompés ; les espérances, les *assurances* que je leur ai données n'ont été que des déceptions. Ils ont toute raison de s'en prendre à moi ; car dans tout cela ils ne connaissent que moi....... Mais, mon Dieu, vous le savez, s'il y a de ma faute à moi qui ai toujours fait voir avec tant de bonne foi les espérances et les *assurances* que l'on me donnait par écrit !........» — *Le* 19 *avril.* «....... En attendant, voici ce que je dois dire : quelque sacrifice, quelque perte qu'il y ait à supporter, quand elle serait même de 5o à 6o pour cent, j'accepte tout, pourvu que mon honneur soit sauf! mon honneur qui a grandement souffert de toutes *les déceptions* que l'on m'a écrites et que j'ai communiquées, ne devant jamais les croire telles..... Je sèche d'impatience dans l'intervalle d'un courrier à l'autre, en attendant mes fonds.» —*Le* 27 *avril.* «..... D'une manière ou d'une autre, quand je devrais perdre 5o ou 6o pour cent, ainsi que je vous l'ai déjà écrit, et plus encore, mais que cela finisse ! Je ne peux et je ne dois pas rester plus longtemps ici ; mais *je ne partirai pas sans avoir reçu les quatre-vingt-dix mille francs* que j'attends depuis si longtemps. Si mon frère m'avait seulement envoyé depuis deux mois le contrat de Lucques dûment légalisé, j'en aurais peut-être fait quelque chose...»—*Le* 1er*mai.* «..... Enfin je vous supplie d'écouter la voix de la charité ; je ne peux plus attendre ainsi de jour en jour. Si on n'a pour moi personnellement aucune compassion ; qu'on ait quelque

égard pour mon caractère! Quelle que soit la perte, je me soumets à tout; mais pour l'amour de Dieu qu'on m'envoïe ici à l'instant les fonds qui peuvent me tirer de peine, et me donner la liberté d'aller continuer à Rome ma triste vie!....»
—*Le 4 mai.* «..... Mais oui et'oui, au nom de Dieu tout-puissant, je me soumets à toute sorte de perte : que m'importe d'avoir plus ou moins d'argent? L'honneur est le seul bien que je veux et ne dois pas sacrifier. [12]

En même temps que j'écrivais de la sorte à M. Ruelle, pour profiter de cette transaction à l'instant où elle serait opérée, j'offre à mon créancier de lui signer des lettres de change, c'est-à-dire de lui donner sur moi droit de vie et de mort, bien plus, droit de liberté et d'esclavage, bien plus, droit de déshonneur! Il les accepte de cet air bénévole avec lequel autrefois il avait accepté mon obligation; il doit les envoyer à Rome à mon subrogé mandataire. Malheureux que j'étais! je ne me doutais pas que ce moyen de tranquilliser mon créancier et de l'indemniser des retards que je déplorais plus que lui, que ces lettres de change qui devaient partir pour Rome resteraient à Paris; qu'au lieu d'être envoyées là-bas à mon homme d'affaires, elles le seraient à un huissier d'ici; et que dans ce moment d'abandon et de confiance si pleine, si entière, si sincère de ma part, marchant en aveugle au bord d'un abîme, je donnais sur moi

58

la dernière prise, je me liais les mains, je me
fermais le retour de la patrie, j'ouvrais la porte
au scandale....... j'étais perdu!

Le 3 juillet 1835, de bonne heure, après
une nuit passée dans mes habituelles inquiétudes, ne songeant qu'à ma dette, tantôt plein
d'espoir, tantôt découragé outre mesure, encore
entre le réveil et le songe, dans cette triste position d'un pauvre délaissé qui se dit à lui-même:
Allons, encore un jour d'impatience! je me vis
brusquement, et sans me donner le temps de
me reconnaître, le temps de faire ma prière, je
me vis arraché de mon lit à la requête de M. l'abbé
Dufriche-Desgenettes, curé de N.-D.-des-Victoires.
Mais arrêtez! je suis malade, vous le voyez! Mais
au moins la loi a des pitiés, elle a des délais; il
y a sûrement en ceci des ressources que j'ignore!
Mais enfin, ai-je été mis en demeure? ai-je appris
un jugement? m'a-t-on fait en justice une sommation? m'a-t-on demandé aucune garantie?.....

Et c'est ainsi que, sans considération pour
mon état de souffrance qui aurait dû, ainsi que
mon caractère, imposer tant d'égards, usant,
ou plutôt abusant du droit que la loi sur la contrainte par corps donne à quiconque se prétend
créancier d'un étranger, on m'a jeté, *moi évêque,
patriarche de Jérusalem, investi d'une des pre-*

mières dignités de la hiérarchie ecclésiastique [a],
on m'a jeté dans l'asile de l'humiliation, où, à
défaut de la cellule due à chacun de ceux que le
malheur y amène, j'ai été placé dans une pièce
commune qu'il m'a fallu partager, grièvement
malade, pendant plusieurs jours, avec des hommes
que la charité doit plaindre, mais dont la coha-
bitation avec moi paraîtrait peut-être un outrage à la morale publique!

Je sais bien ce que va dire le lecteur, que ce
sont là des choses impossibles. En effet, comment traiter de la sorte un homme, un prêtre,
un évêque? Oui c'est ainsi que s'est exprimée
l'opinion publique. Et quand on a vu qu'on était
allé trop loin, et que rien ne pouvait excuser
un fait aussi impitoyable, et qu'on avait manqué
de respect au malheur dans ma personne;
quand se sont élevés de toutes parts ces mur-
mures accusateurs qui suivent toujours les ac-

[a] Un juge de paix, un garde de commerce et trois recors, voilà
l'escorte avec laquelle je fus conduit au Palais de justice. Chemin fai-
sant, ces messieurs vaquaient çà et là à leurs affaires, et moi je les
attendais dans un fiacre, entre deux recors, exposé à tous les regards.
A la fin nous arrivâmes au Palais, et je parcourus ces longues salles,
sentant à chaque pas tout ce qu'il y avait d'ignominieux à être ainsi
livré en spectacle. Après quelques mots du président, on me fit remon-
ter en voiture, où je restai immobile plus de trois heures sous un soleil
brûlant. Trois heures de fièvre et d'agonie! Un des recors avait été
expédié vers mon incarcérateur qui se tenait dans une maison voisine
pour en être averti plus tôt!!!

tions mauvaises : alors on s'est troublé, on a rougi, alors on a essayé de répondre et on a répondu : Que ces rigueurs avaient été nécessitées par les poursuites des créanciers eux-mêmes de mon créancier, engagé pour moi et menacé de la prison, s'il n'était pas le premier à m'y jeter. Mais à qui vraiment faire croire que lui, *Français, Prétre, non négociant*, pût être incarcéré pour des dettes purement civiles? Tout au plus, il eût eu à craindre des poursuites judiciaires et un procès, dans lequel il aurait pu me faire intervenir. Rien de cela : ni menaces à lui faites, ni diligences par lui reçues. A mon égard, abstraction faite du caractère religieux, on a procédé d'une manière insolite; moi, on ne m'a pas même menacé, on m'a pris au corps sans menaces, on a débuté avec moi, ici, en France, à Paris, dans ce Paris qui veut être à la tête de la civilisation européenne, dans ce Paris où l'on ne parle que d'humanité, de liberté, d'hospitalité, on a débuté avec moi comme on n'aurait jamais dû finir.

Ce n'est pas encore assez. Mon arrestation, dans l'ordre des précautions de la loi, n'était d'abord que provisoire; elle appelait un jugement qui en déclarât la validité. L'incarcérateur, se mettant en règle, me fit donner le conseil en tout bien et tout honneur de ne pas me présenter à l'audience, *qu'ainsi j'éviterais de nou-*

velles dépenses inutiles. Et moi, dans mon ignorance des affaires, dans mon hébétement (je crois que le mot est français, et je n'en ai pas d'autre), moi j'y crus! Et moi, je fus condamné par défaut et sans appel; et ce ne fut que plus tard, quand tout était irréparablement consommé, que j'appris, par le procès-verbal de l'écrou, de quel funeste conseil j'avais été la victime. Moi absent, le tribunal avait pensé que je reconnaissais la légalité de l'arrestation. Moi absent, on avait plaidé qu'on avait dû m'arrêter sur-le-champ, en toute hâte, à tout événement, sans avis préventif, *parce que mon dessein était de quitter Paris et la France........* On l'a dit, moi absent; on l'a plaidé en tribunal, moi n'ayant pas même un avocat pour répondre! Je fuyais, disait-on, je fuyais..... quand la maladie me tenait cloué dans mon lit! je fuyais...... quand chaque jour et à toute heure l'on me voyait chez moi! je fuyais.... quand on me savait sans ressources, même pour vivre! je fuyais, disait-on..... quand il était si facile de se rassurer à mon hôtel et dans les chancelleries où se délivrent les passeports! je fuyais!..... mais ne savait-on pas que, même bien portant, j'aurais préféré mourir à quitter Paris sans avoir intégralement désintéressé mon créancier?

Si j'étais venu parler moi-même aux juges, et

après avoir lu cette requête calomnieuse où il était question de fuite préméditée, disons mieux, *d'escroquerie, de vol*, alors j'aurais répondu avec l'accent de l'innocence indignée; alors j'aurais expliqué au tribunal avec quelle précipitation j'avais été incarcéré et avec quel mépris des formalités les plus simples; alors j'aurais dit au tribunal tout ce que je viens de dire à présent, et que j'avais dix fois plus que je ne devais, et que tout au moins je demandais ma liberté sous caution : la caution ne m'eût pas manqué. Mais je devais subir vingt-sept mois de misère! Que si l'on tient à savoir d'où provenaient ces rigueurs, et comment il se faisait que mon incarcérateur ne ressemblait à nul autre, que puis-je dire? Il aurait peut-être été plus humain envers un évêque, s'il eût été un évêque lui-même.............

Me voilà donc condamné sans rémission et sans appel! me voilà seul dans les quatre pieds carrés d'une cellule, maître enfin de cacher ma douleur dans l'isolement. Vingt-sept mois j'y ai vécu, si c'est vivre, que de n'en sortir jamais un seul instant, que de renoncer à tout soulagement, que de m'interdire de moi-même l'air pur dans le vaste préau......,. Je voulus envelopper ma peine de toutes sortes de respect : plus mon malheur était complet, plus je voulais qu'il fût digne et fier.

Mais cette dignité dans laquelle je me renfermais, cette prison à laquelle je me condamnais librement, ces privations, ajoutées aux privations légales, ne firent qu'aggraver mes souffrances. Dans ces souffrances, si j'ai trouvé quelques instants de calme, ce fut quand j'ai été à même de soulager une infortune et faire là aussi autour de moi un peu de bien. Neuf mois entiers il me fut impossible de sortir de mon lit. L'ennui se joignit au chagrin. Arraché violemment à mes livres, au travail, aux religieuses habitudes, je me sentais mourir.... Qu'il soit béni, mille fois béni, ce savant homme, l'honneur véritable du clergé gallican, le représentant de tout l'esprit des Pères de l'Église, dont il s'est inspiré doublement sous le rapport du génie et de la charité, monseigneur l'évêque de Maroc! C'est sous les seuls traits de ce vieillard révéré que la charité chrétienne s'en vint visiter un confrère. Qu'on juge de mon émotion, en le voyant entrer chez moi avec cette sereine figure dont l'aspect seul suffirait à calmer les plus violents désespoirs. Qu'il soit béni pour le bien qu'il m'a fait par sa présence! qu'il soit béni pour avoir osé franchir tant de fois ces grilles qui renferment la détresse! Il était là près de mon lit, et il me semblait d'être libre! Mais une fois cette heureuse vision évanouie, la porte de ma prison retombait sur mon âme de tout son poids, et je restais seul, muet, éperdu ! [a]

C'était un fardeau trop lourd à porter que celui de ma prison pour l'incarcérateur tout seul ; il lui fallait des complices, et déjà une suite de petits créanciers, fournisseurs et artistes, se conformèrent à l'exemple, et, ameutés et poussés par les suggestions d'un de mes secrétaires que j'avais congédié, dont ailleurs quelques mots, vinrent me *recommander*, comme on dit dans l'argot de la maison de Clichy. Après, quelques-uns d'eux m'ont écrit pour m'exprimer leurs regrets, et m'avouer *qu'ils n'eussent pas songé à cette extrémité sans les terreurs qu'on avait voulu leur inspirer.*

Paris, 11 mai 1836.

« Monseigneur,

« J'ai été pour vous écrire pas une fois, mais vingt fois, depuis que je vous ai causé autant de peines. Je vous avoue que je n'ai jamais eu la force. Quand je prends lecture de vos lettres, vous me dites que je vous portais de l'amitié, vous ne vous trompiez pas. Je vous avoue que j'ai été *excité, persécuté et en quelque sorte forcé, en un mot gagné à faire ce que j'ai fait. Le . . . . . . m'a assuré que vous aviez de*

[a] Que Mgr. l'évêque de Nanci et Toul daigne croire à ma profonde gratitude pour la bienveillance fraternelle dont lui aussi a voulu bien m'assurer par l'entremise de M. Maillefer-Corribert.

l'argent pour payer; que c'était mauvaise volonté; que sans ce que j'ai fait je ne serais jamais payé, et qu'il ne fallait pas vous laisser en repos; et puis il m'a dit tant de choses! Je vous ai causé du mal, je vous avoue que je m'en repens profondément. Je n'ose pas vous demander réponse telle que je vous l'aurais demandée avant cette affaire, sachant que vous en avez déjà assez éprouvé des peines. Mais je vous conjure d'oublier un peu le passé, etc.

BLAINVILLE.

Sur ces entrefaites, je reçus enfin l'acte légal de la transaction lucquoise du 20 janvier 1835. Muni de ce titre, je touchais donc à la fin de mes peines. Je le croyais du moins. Mais l'avare prison ne relâche pas ainsi sa proie! En ma qualité de prisonnier pour dettes, j'appartenais de droit à tous les fabricants d'affaires, j'appartenais corps et âme à la spéculation et à l'usure. On vint donc flairer, examiner, commenter mon acte de propriété. On en discutait devant moi la valeur, et je restais confondu, et j'étais étourdi. Autour de moi se formaient des associations pour l'acheter, et dans la vente les acheteurs se permettaient toutes choses, excepté la sur-enchère. Rien ne les troublait; j'étais prisonnier, ils me tenaient attaché à leur chaîne. Si cette fois j'avais été libre, j'aurais trouvé à coup sûr un honnête homme qui m'eût offert un prix honnête; mais en prison les honnêtes gens n'achètent guère; ils ne sont pas chez eux.

5

À tout prix, même au prix de la liberté, je ne devais céder ma créance à la cupidité si insatiable des usuriers. Plus on avait dit qu'elle était une chimère, un mensonge, et plus je tenais à la défendre en la vendant noblement.

D'ailleurs, à cette époque je recevais de mon mandataire en Italie l'assurance que j'allais en être payé tout à la fois entièrement, avec les fonds d'un emprunt que le duc de Lucques négociait alors chez M. Rothschild, banquier à Vienne.

Lucques, le 28 mai 1836.

Monseigneur,

« Je crois devoir prévenir V. E. que mon avis respectueux serait de suspendre pour quelques semaines les démarches qu'elle a commencées à Paris pour négocier sa créance, car d'ici à peu de temps, elle pourra se dispenser de tout sacrifice. S. A. R. est sur le point de conclure, si elle n'a déjà pas conclu, avec M. Rothschild de Vienne, un emprunt important *qui la mettra à même de se libérer de toutes ses dettes, et entre autres de celle qui résulte de la transaction du 20 janvier* 1835. En réalisant cette affaire, qui n'est plus douteuse, *V. E. encaissera toute sa créance à la fois, etc.*

- 30 juin.

« Je n'ai pas manqué de m'occuper de ce qui tient tant à cœur à V. E., et *j'ai la satisfaction de lui annoncer qu'elle sera bientôt consolée*. On attend le duc à Vienne de retour de Dresde pour arrêter les conditions de l'emprunt Rothschild, après lequel *la créance de V. E. sera enlevée d'emblée.*

Je l'ai su *en grande confidence* et sous le secret, et je le dis
à Monseigneur seul, etc.

13 août.

« L'intendant M. Sartori est arrivé à Lucques, et je dois
lui parler lundi matin. En attendant, je sais qu'on attend
par tous les courriers les lettres de Vienne qui annoncent la
conclusion de l'emprunt. *La prudence* et l'intérêt de V. E.
exigent donc qu'elle souffre encore quelque peu de temps
pour ne pas perdre un si grand avantage, etc.

« CHARLES AV. RIDOLFI. [13] »

Je suis ainsi fait, qu'avec tout l'abandon de
mon caractère, je trouve toujours une heure de
résolution énergique, et pendant cette heure-
là je suis invincible. Ainsi donc, à présent que
les bourses des usuriers m'étaient ouvertes, et
que d'un mot je pouvais sortir de prison, j'y
serais mort plutôt que de passer sous la main
des spéculateurs.

On a dit qu'il y a des fiertés malheureuses;
et c'est vrai! Cette résolution ne produisit d'autre résultat que d'éloigner de moi les guetteurs
de grands sacrifices qui lorgnaient de loin ma
créance. Donc les jours, les semaines, les mois
s'écoulaient vainement. J'étais abattu, non pas
vaincu. Ce fut alors que quelques amis me dé-
montrèrent que peut-être ma résistance était de
l'orgueil, que le scandale avait duré trop longtemps, ce scandale que tout bon chrétien n'eût
pas cru possible auparavant, et qui fut regardé

5.

comme un triomphe par tous ceux qui aiment le scandale dans l'Église. En même temps une personne dont le nom tient à ce qu'il y a de plus grand me conseilla, non pas de rappeler les faiseurs d'affaires, mais de m'adresser tout simplement aux évêques français, mes vénérables Confrères, de leur exposer mon malheur et d'implorer leur secours.

Ah! j'avoue que ce fut là un vif éclair dans ma nuit! Devoir ma liberté au clergé gallican, l'orgueil du clergé catholique! Sentir ces mains charitables rompre mes chaînes, et à ces saintes voix sortir de mon tombeau comme Lazare! Loin de moi les contrariétés de l'amour-propre!.... Aussitôt je me mis à l'œuvre, et par la personne qui m'en avait donné le conseil, et M. le chevalier le Preux, directeur de la maison de Clichy, qui voulut bien y prendre part[a], j'envoyai à Mgr. de Quélen, archevêque de Paris, le billet suivant :

Paris, le 28 novembre 1836.

Monseigneur,

« Il me coûte beaucoup de vous importuner par mes let-

---

[a] M. le chevalier le Preux, dont la bonté de cœur a su comprendre ma cruelle position, s'est empressé toujours, autant qu'il l'a pu, d'adoucir ma captivité; et il a été activement secondé par M. Léveillé, son greffier, qui a rivalisé d'obligeance avec le directeur : qu'ils veuillent bien trouver ici un témoignage de ma vive reconnaissance.

tres, mais la plus impérieuse nécessité m'y contraint. Après la catastrophe imméritée qui tout à coup était venue m'anéantir, j'ai eu l'honneur de vous écrire deux et trois fois.... et jamais de réponse. J'ignore quelles ont été les causes de votre silence : tout ce qu'il y a de charitable dans votre cœur, tout ce que notre état commande envers un frère malheureux, tout ce que vous savez si parfaitement de convenances sociales a dû me persuader, Monseigneur, que votre pitié était acquise à ma personne, dont le caractère au moins doit exclure l'oubli ou l'indifférence de la part de mes confrères.

« Aujourd'hui je reviens humblement, avec foi en votre saint caractère, vous ouvrir mon cœur et vous faire le confident de mes peines et de mes espérances : ayez la patience de lire la circulaire que j'ose adresser aux vénérables archevêques et évêques français, et dans votre charité veuillez accepter le patronage et la direction du projet qui l'accompagne, et être le premier à me secourir par votre contribution, en souscrivant à l'emprunt que je propose. Sur votre adhésion, mon notaire aura l'honneur de se rendre à vos ordres pour vous faire connaître le titre de la créance que j'affecte au remboursement des sommes prêtées.

« Je vous supplie en outre, Monseigneur, de vouloir bien mettre un petit mot d'apostille de recommandation sur mes circulaires; p. e. : *recommandé par* † *H. archevêque de Paris.* Votre nom est pour moi la garantie du résultat le plus favorable; si vous vous y refusiez, mes espérances s'évanouiraient, je resterais où je suis, et votre cœur vous dirait à toute heure que c'est vous, Monseigneur, qui avez rivé mes chaînes à jamais.

« Au nom de Notre-Seigneur Jésus-Christ, daignez, Monseigneur, me tendre la main secourable que j'implore.

« J'ai l'honneur d'être, etc.»

Ce billet était accompagné de la circulaire
aux évêques :

Paris, le 28 novembre 1835.

«MONSEIGNEUR,

« C'est du fond d'une prison que j'élève la voix et les mains
vers vous. Dans mon malheur, une seule espérance me sou-
tient; c'est que vous ne repousserez pas ma prière et que
vous ne fermerez pas votre cœur aux peines d'un frère in-
fortuné.

« J'ai été la cause innocente d'un grand scandale pour
l'Église, et dans un temps où la malignité publique épie et
exploite à son profit tout ce qui a rapport au clergé; un
prêtre n'a pas craint de lui donner ce nouvel aliment, en
altérant même la vérité, pour obtenir sur-le-champ mon
arrestation, ainsi que cela résulte de la teneur de sa requête
au tribunal.

« Une situation telle que la mienne, déjà intolérable à des
hommes dont la détention n'excite pas l'attention générale,
doit être bien plus cruelle pour moi, quand des considérations d'un ordre plus élevé viennent s'y joindre pour en
compliquer l'horreur. Si j'étais un simple particulier, notre
religion m'a appris à me soumettre aux peines de cette vie,
et je n'y verrais qu'un mal isolé, frappant sur moi, sans
autres conséquences. Mais ici ma triste position n'intéresse
pas moi seul; mon caractère me lie à vous, Monseigneur,
à l'épiscopat tout entier; je ne dois, non plus que tout autre
évêque, oublier ce que je suis, et que déjà ce serait une singu-
lière anomalie, que ma détention pour dettes à l'instance d'un
prêtre, si dans le monde cela n'était pas qualifié avec plus de
sévérité. On ne me reprochera pas sans doute ce scandale,
il faut l'espérer; car ce n'est pas la victime qui est cause des

tribulations dont on l'accable. Néanmoins on dit, et c'est pour moi un devoir de le répéter ici, qu'on s'étonne qu'un évêque soit incarcéré, et que personne de son ordre ne soit venu à son secours. Doit-on l'en croire indigne? mais tout indigne qu'il en serait, c'est horrible qu'un semblable abandon! et puis, que lui reproche-t-on? On n'articule rien : de là des inductions fâcheuses pour son caractère personnel; et combien d'imputations mensongères, calomnieuses, sont sourdement répandues! le public les écoute quelques instants, cesse ensuite de s'en occuper; mais elles sont classées dans sa mémoire, et tendent à aliéner de celui qu'elles ont voulu atteindre l'estime de bien des gens.

« Cela est pénible à dire, plus encore à éprouver, Monseigneur; aussi je ne veux pas m'aveugler sur des choses si patentes, et j'ose vous les mettre sous les yeux, pour vous convaincre de la nécessité d'apporter un terme, le plus promptement possible, à une détention si étrange. Je le pourrai par moi-même, et je tiens à honneur de le faire avec mes propres moyens pécuniaires; mais, pour les réunir, il me faut aussi l'aide d'autrui, et je désire vivement qu'on puisse voir dans le concours de Votre Grandeur, et dans celui de nos confrères les archevêques et évêques de France, une marque de leur sollicitude pour moi, comme je le dirai ci-après.

« J'aurais déjà obtenu ma libération au moyen de la cession d'une créance valable, liquide et presque exactement payée, mais dont le capital, divisé par annuités, ne peut me libérer tout d'un coup, qu'en le négociant en entier; ce que j'eusse déjà fait, si depuis longtemps je n'avais été le jouet de spéculateurs avides qui, voulant profiter de ma misère, m'ont fait des promesses trompeuses, suivies d'offres telles que je ne pouvais par honneur les accepter, afin de m'amener, en prolongeant mes afflictions, à de plus grands sacrifices.

Cependant les promesses qui m'avaient été faites m'ont en outre été fort nuisibles. Sur la foi qui m'en avait été donnée, j'ai répété les mêmes assurances à mes créanciers ; je n'ai pu leur tenir parole ; ils me harcèlent continuellement, ils crient partout contre moi ; et malheureusement tout semble justifier leur colère.

« Je ne puis plus m'adresser pour obtenir des fonds à des hommes d'affaires ; et après avoir supporté mes peines avec courage et résignation *pendant dix-sept mois*, aujourd'hui il m'est commandé par la conscience même de chercher mon refuge dans la charité fraternelle.

« Certes, j'en souffre... je sais bien que je me confie à des frères, et que ce n'est pas une aumône que je vais demander ; si même c'en fût une, je ne peux pas supposer qu'elle me serait refusée. Je sens, en sondant mon cœur, que si je connaissais un de mes confrères dans une situation pareille à la mienne, je m'empresserais de voler à son secours, et Dieu m'est témoin que je ne lui donnerais pas seulement de mon superflu, mais que je m'imposerais toutes privations pour alléger sa souffrance... Ces sentiments, j'en ai la certitude, sont aussi ceux des vénérables évêques de France, et je ne me crois pas indigne d'en éprouver les effets... Je sens tout cela : et néanmoins je dois me faire violence pour appeler l'attention des autres sur mes malheurs ; mais c'est une peine de plus de ma position, c'est une nouvelle épreuve que Dieu m'impose, et non, il ne voudra pas que ce soit en vain que je m'y soumette.

« J'ai dit que ce n'est pas une aumône que je demande ; loin de là : c'est un prêt que je sollicite, sur une garantie effective, réelle, sur un titre de créance de trois cent quatorze mille six cents francs payables par annuités de vingt-huit mille six cents francs chacune ; titre valable et déposé chez M. Casimir Noël, notaire à Paris, rue de la Paix, n° 13, qui recevra les sommes qui me seront prêtées, et qui tiendra à la disposition des prêteurs, par un transport en règle, la créance qui leur servira de gage et de moyen de remboursement.

« Pour me libérer de toutes dettes et me mettre à même de retourner en Italie, ainsi que pour d'autres besoins et motifs, il me faut une somme égale à sept annuités de ma créance qui en comporte onze, et j'en transporterai sept, en commençant par celle de l'an prochain mil huit cent trente-sept, à mes prêteurs.

« A cet effet, je m'adresse par la présente et le projet qui l'accompagne à messeigneurs les archevêques et évêques français, en les suppliant chacun de l'assistance, à titre de prêt, de *deux mille quatre cents francs*, remboursables par septièmes; c'est à dire que chacun recevra chaque année sur mon obligation trois cent cinquante francs pendant sept ans. Je n'ose pas, dans nos positions respectives, parler d'intérêts de fonds, mais à cet égard mon notaire ferait tout ce qu'on lui dirait de faire.

« Si, dans ces deux dernières années, la littérature d'abord, puis la politique, par des sympathies toutes mondaines, sans attendre un appel, ont spontanément volé au-devant de deux grandes infortunes; si elles les réparent sans rentrer dans les dons qui sont offerts, je ne puis croire que les idées divines de religion, de charité, d'honneur ecclésiastique, n'éveillent pas une aussi noble sympathie, quand il s'agit de moi, prêtre, évêque malheureux détenu, de moi qui ne sollicite qu'un secours momentané.

« Je cherche en vain ce qui pourrait refroidir l'élan de cœurs naturellement si généreux. Serait-ce parce que je suis étranger? oh non: ce titre seul m'est favorable; l'éloignement de ma patrie, la difficulté des secours, mon isolement même, me recommandent encore avec plus d'intérêt. D'ailleurs un chrétien peut-il jamais être étranger aux chrétiens? et dans mon cas spécialement, quel évêque, sollicité par un évêque malheureux, pourrait lui opposer d'être né dans un autre pays, et ne voudrait pas fraterniser avec lui, auquel l'unit si étroitement une solidarité de caractère et d'honneur?

« Si l'on croyait opportun de garder le secret sur cette noble intervention dans mes affaires, quoi qu'il en coûtât à ma reconnaissance, je m'y conformerais ; cependant, si l'on pensait qu'en la rendant publique, il en pût résulter l'édification de l'Église, la réparation du scandale, et quelque honneur pour l'épiscopat et le clergé, je consentirai que cette œuvre reçoive toute la publicité possible.

« Monseigneur, je suis venu humblement, avec foi en votre saint caractère, vous ouvrir mon cœur et vous faire le confident de mes peines et de mes espérances : ne me refusez pas la main secourable que j'implore. Daignez m'assister de votre contribution dans l'emprunt susmentionné. J'y verrai un témoignagne précieux de l'intérêt bienveillant et charitable de Votre Grandeur pour mes souffrances, et mon cœur s'ouvre déjà aux sentiments d'une reconnaissance qui sera éternelle.

« J'ai l'honneur d'être, etc. »

A cette circulaire était joint le projet d'emprunt et de remboursement.

« Un emprunt, dans la forme d'une souscription, est proposé aux vénérables archevêques et évêques de France, *sous le patronage et la direction de monseigneur l'archevêque de Paris,* en faveur de M. le comte de Foscolo, patriarche de Jérusalem, *afin de faire cesser sa trop longue captivité.*

« La somme à emprunter est de deux cent mille francs.

« Le montant intégral de l'emprunt sera remboursé par le susdit M. de Foscolo, au moyen d'une délégation de sept annuités de vingt-huit mille six cents francs chacune, à prendre sur une somme bien plus forte, dans une créance parfaitement établie et liquide, due par S.A.R. Charles-Louis de Bourbon, infant d'Espagne, duc de Lucques, *en résultance d'un acte authentique passé devant notaire, par lequel M. de Foscolo est autorisé aussi à céder ladite créance à qui bon lui semblera.*

« Le montant de chaque souscription sera de deux mille quatre cents francs.

« Élection de domicile est faite, pour l'envoi et le payement des souscriptions, chez M. Casimir Noël, notaire, rue de la Paix, n° 13, à Paris, détenteur des titres établissant la créance.

« Pour la sûreté des souscripteurs, M. Casimir Noël mettra à la disposition de monseigneur l'archevêque de Paris, jusqu'à la réalisation de la souscription, le titre de ladite créance.

« Les souscriptions devront être payées avant le 22 du mois de décembre prochain. Aussitôt qu'elles seront remplies, cession notariée de la créance offerte en garantie sera faite à monseigneur l'archevêque de Paris, qui recevra tous les ans ladite annuité de vingt-huit mille six cents francs, et en fera la répartition entre les souscripteurs; de sorte que dans sept ans chacun d'eux sera rentré dans la totalité de la somme avancée.

M. Casimir Noël sera spécialement chargé de faire toutes les diligences nécessaires pour la régularisation de la susdite cession, tant à Paris qu'à Lucques. »

Le monde a appris de bonne heure les lumières, le génie, le zèle, le courage, la géné-

rosité, la grandeur, la charité de l'Église galli-
cane, qu'on pourrait appeler très-chrétienne.
Oh! si ma demande, une demande non pas
d'aumône, mais d'emprunt que j'étais sûr de
rendre et bientôt, si cette prière si humble, mais
si confiante, était arrivée jusqu'à ses Pasteurs!
S'ils avaient su ma misère, ils l'auraient secou-
rue. S'ils avaient su mes offres, ils les auraient
acceptées. Non, ils n'auraient pas dit, comme
quelqu'un : *C'est un évêque italien, ce n'est pas
aux Français à soulager son malheur!* Peut-être
y a-t-il des limites géographiques qui séparent
d'entre eux les chrétiens? Peut-être qu'on voit
le bout de la chaîne qui unit entre eux les évêques? Lorsque, pendant la tourmente révolu-
tionnaire, les évêques français se réfugièrent
dans mon Italie; lorsque, manquant de tout,
ils vivaient au milieu de notre clergé, leur a-t-on
jeté à la face la qualité d'étrangers? Dieu! on
n'attendait pas même leurs demandes; partout
reçus, partout accueillis, partout traités comme
des frères qu'ils étaient.

Malheureusement la mienne n'a pas trouvé
grâce devant Mgr. de Quélen. Je ne me per-
mettrai pas de qualifier son refus [*].

[*] Lorsque mes envoyés eurent le généreux courage de me rendre
compte de leur mission et de son triste résultat, je n'ai pas pu com-
primer en moi-même des sentiments d'amertume. Le lendemain j'en

Je ne pus donc plus donner suite à un projet qui flattait mon cœur, et dans l'accomplissement duquel je puisais la plus douce des consolations.

J'étais à bout, je l'avoue, de mon courage ; tant de déceptions m'avaient écrasé. Mes espérances du côté de Lucques ne se réalisant pas non plus au gré de ma trop juste impatience, je m'adressai, moins fier alors qu'il y avait six mois, à un M. Leroux, excellent homme, pour connaître si les dispositions des créanciers étaient les mêmes que celles annoncées dans le temps par l'entremise de mon notaire, de la part de M. de Joly[a], qui était très-lié avec mon incarcérateur ; c'est-à-dire, *de leur déléguer quelques-unes des annuités de ma rente à ma volonté.*

Une négociation, peut-être la dixième ou douzième, je n'en sais plus le nombre, fut alors entamée, et des pourparlers ont eu lieu. On me l'avait proposée, on l'avait presque implorée ; moi, comme à l'ordinaire, j'y avais consenti ; et pourtant c'était toujours de nouvelles exigences, c'était un délai nouveau, c'était un nouvel agiotage. Malgré la branche d'olivier

écrivis à sa Grandeur avec un peu de vivacité. Si ces QUELQUES MOTS tombent en ses mains, qu'elle daigne recevoir ici les expressions de mon sincère et profond regret pour avoir cédé ce jour-là à la douleur.

[a] Ancien garde des sceaux de Louis XVI.

qu'on m'avait envoyée, on revenait à chaque instant contre moi par un détour. A chaque instant des demandes de plus en plus impossibles à satisfaire, à chaque instant quelque condition des plus dures. Certes, il faut croire qu'on avait résolu de fatiguer tout à fait ma pauvre tête, de briser ma volonté, de me tenir garrotté si violemment que je fusse à la fin obligé de demander grâce. Mais j'étais à la question comme ces malheureux qui n'avaient rien à dire, qui souffraient la question ordinaire, et la question ordinaire uniquement parce qu'ils n'avaient plus de révélations à faire. Je souffrais toutes ces tortures uniquement parce que je n'avais plus rien à sacrifier. Les sacrifices que je m'étais imposés, bien graves! étaient les seuls auxquels je pusse atteindre; et je ne voulais pas qu'on supposât que je m'arrêtais là par obstination, mais bien parce que je donnais tout ce qu'il m'était possible de donner [a]. M. Leroux, mandataire de la partie adverse, qui me tenait au courant de toutes ces variations, me proposa d'en écrire moi-même à mon incarcérateur. Et je surmontai ma répugnance, et j'écrivis :

[a] La cession des annuités de ma créance échéant en 1840, 41 et 42, s'élevant ensemble à la somme de 85,800 francs; presque un quart au delà de l'importance de toutes mes obligations.

Le 29 juillet 1837.

«Monsieur le Curé,

« M. Leroux, qui l'année dernière, et cette année même,
a été chargé par mes créanciers de me faire des propositions
d'arrangement, m'assure qu'une lettre que je vous en écrirais
serait le plus puissant moyen pour obtenir une facile et
prompte solution dans mon affaire. Sans doute que mes autres créanciers qui, dans leurs poursuites contre moi, n'auraient jamais osé prendre l'initiative, suivraient encore
l'exemple qu'un homme tel que vous exerce sur eux, par
l'influence que lui donne son caractère de prêtre et l'importance de sa créance envers moi.

« Je ne vous dissimule pas que c'est une chose bien pénible à mon amour-propre, après tout ce que j'ai souffert,
que de faire encore cette démarche. Vous en conviendrez
vous-même, monsieur le curé. Cependant, en consultant ma
conscience, je crois ne devoir pas me refuser à ce nouveau
sacrifice, pour concourir autant qu'il est en moi à faire
cesser un scandale. Une autre considération m'y détermine :
le besoin de réparer enfin en liberté ma réputation si indi-
gnement attaquée.

« Je viens donc vous prier de vouloir bien accepter les
propositions qui ont été faites à M. Ratel. S'il m'était permis
d'offrir plus que je ne fais, veuillez croire que je ne balan-
cerais pas un instant; mais Dieu m'est témoin que je ne
peux faire davantage, et que j'offre tout ce dont il m'est
possible de disposer à présent.

«Ma liberté dépend de vous. Je ne dois croire que vous
veuillez prolonger à plaisir mes souffrances : ce serait vous
faire injure. Qu'elles cessent donc, je vous en prie vivement
pour moi et pour vous aussi.

« Il m'est impossible de vous entretenir plus longtemps. Les forces me manquent; je viens d'être frappé par le plus grand des malheurs qui puisse briser le cœur d'un homme: je viens de perdre ma bonne mère, etc.»

Le 4 août.

« Non, monsieur le curé, je ne veux imposer de lois à personne. Une transaction est proposée; je m'y prête le plus qu'il est en moi : *les sacrifices que j'offre sont les seuls auxquels je puisse atteindre.*

« Reportez, je vous prie, vos souvenirs vers ce qui s'est passé, quand j'ai rejeté les premières propositions d'arrangement qui m'ont été adressées en votre nom par MM. de Joly et Noël. Ma conduite n'a été telle alors que parce que j'avais la conviction que bientôt j'aurais pu vous payer, vous et mes autres créanciers, intégralement et à beaux deniers comptants : ce qui eût eu lieu sans doute, si l'on n'avait répandu de toutes parts des terreurs chimériques pour décrier ma créance. Si donc je ne l'ai pas négociée, ce n'est pas de ma faute : les efforts que j'ai tentés en font foi.

« Vous avez manifesté des inquiétudes sur les intentions du duc de Lucques, s'il ne voulait pas entretenir la délégation que je propose. Ayez, monsieur, meilleure opinion de S. A., et soyez convaincu qu'elle me porte trop d'intérêt et de sincère amitié pour ne pas favoriser l'exécution pleine et entière d'un contrat auquel j'aurais concouru, en lui recommandant les créanciers en faveur desquels je l'aurais consenti.

« Je viens donc, monsieur le curé, faire encore avec confiance un appel à vos sentiments de chrétien. Je ne vous parle pas du respect dû aux convenances et aux devoirs même de votre caractère sacerdotal. Descendez, je vous en

supplie, dans votre conscience : elle vous dira qu'un scandale, parce qu'il y a longtemps qu'il est produit, ne cesse
pas d'être scandale quand il se perpétue. Nos respectives
positions même dans l'ordre ecclésiastique, ne se refusent-
elles pas à ce qui existe? ne s'étonnera-t-on pas toujours
qu'un des premiers dignitaires de l'Église soit retenu en
prison, à la requête....... d'un prêtre, d'un curé?

« Ces considérations, toutes puissantes qu'elles sont, n'y
ayez pas d'égard..... Je m'adresse à votre cœur, il ne doit
pas être sourd à ma prière..... *Prière*, oui, c'est le mot; car
réellement je vous prie : acceptez les propositions justes et
raisonnables que je peux seules vous faire à présent : elles
sont dans votre intérêt et dans le mien : mes autres créanciers y souscrivent..... Seriez-vous le seul à vous y refuser?
Je ne le crois pas; vous ne voudriez pas assumer sur vous
seul tout l'affreux de la prolongation de ma peine, quand
je prouve que de mon côté je fais tout ce qui est humaine-
ment possible pour m'en affranchir.

« Les maux que j'ai soufferts, ma santé presque entièrement
détruite, la perte douloureuse et irréparable que je viens
de faire, sont autant de causes qui aggravent ma captivité,
et me font sentir la nécessité d'une condition meilleure.
Soyez assez généreux pour me faire connaître, au plutôt,
votre détermination. La spontanéité est toujours pour le
bien, cédez-y; ne vous laissez pas entraîner par des influences étrangères à votre cœur, et j'ose espérer que mes souffrances vont bientôt cesser, etc.

Point de réponse! Il n'y fallait donc plus penser; ni par la plainte, ni par la prière, ni par
les précautions de tout genre, ni par la résignation, ni par aucun moyen humain, je ne

pourrais jamais me tirer de ces serres. Et cependant ma santé était tellement délabrée, qu'il y avait danger pour ma vie, disaient les médecins, si je restais plus longtemps dans un lieu pareil et dans une pareille contrainte, dans le séquestre auquel je m'étais condamné, sans mouvement, sans air, sans espace....

Alors je m'inclinai, non plus pour la liberté, mais pour la vie, devant les tribunaux, en les priant de ne pas perpétuer ma détention dans ce mont-de-piété de chair humaine; d'avoir égard à mon état, à mon caractère, à mes maux; de s'interposer cette fois entre un créancier inexorable et un débiteur malheureux. La loi me condamnait à être captif, non pas à mourir. Je demandai ma translation dans une maison de santé.

Qui le croirait? on trouva que c'était trop demander que cette grâce négative d'être en prison ici plutôt que là! C'était là une faveur exorbitante! Je ne méritais pas cet allégement à mes peines. Je n'étais pas si malade que je le disais, et on remettait en lumière les vieilles calomnies; on remettait à neuf les vieilles diffamations, on se mettait à trembler de nouveau pour l'argent. Comme si la maison de santé ne garderait pas aussi bien le captif que la prison même; comme si, même dans la maison de santé, je devais

rester un instant, un seul instant sans appartenir aux créanciers!

Nonobstant toute cette opposition indécente,
la justice en fut peu troublée; et le tribunal,
sur l'avis de trois médecins, rendit un jugement
favorable. Mais il restait à trouver cette maison
de santé, à trouver ce geôlier bénévole; et quand
j'étais sur le seuil de ma cellule, me voilà arrêté
par un obstacle que le méchant le plus intrépide
ne pouvait pas prévoir. Pas une maison de santé
ne veut s'ouvrir à moi. On les avait prévenues
que j'étais un homme sans probité, et qu'on
courrait le grand risque de payer mes dettes....
Oh! il n'y a plus que Dieu qui puisse venir à
mon secours!

Et il y vint, ce Dieu de bonté!... A l'heure
même où j'avais le moins d'espérance, et je
voyais devant moi se traîner sept ans encore de
verroux, et je courbais la tête en silence sous
mon malheur sans remède; à cette heure même,
le directeur de la prison me dit : Soyez libre!
Libre? Vous êtes libre! Moi étonné, confondu,
ébloui, je le regarde, j'interroge son regard, je
m'interroge moi-même pour savoir si je ne suis
pas le jouet d'un songe.... Je suis libre, et pourquoi? mais comment? L'incarcérateur s'est donc
attendri, il a eu pitié de tant de misères, il a
entendu sa conscience : — Malheur au chrétien

sans pitié! — Hélas! non! Dans sa préoccupation, l'incarcérateur avait oublié tout à fait de payer les aliments.... et j'étais libre!.....

J'étais libre; mais pour ne pas lui laisser l'inquiétude d'un instant même, de la prison si cruelle et pourtant si inutile, j'écrivis à son mandataire, qu'en sortant de ma tombe *je n'oubliais pas ce que je devais à l'honneur.*

En effet, maintenant que je n'étais plus tenu en charte privée, j'en voulus finir à tout prix. La liberté me trouva plus facile que la prison. Ce que je n'aurais pas consenti sous les verroux, j'y consentis à présent que j'étais libre. Pour payer les aliments, je laissai venir à moi les gens d'affaires; je perdis encore cent dix mille francs sur ma créance, et certes ce n'était pas trop perdre après tant de calomnies et tant d'outrages.

Tels sont les faits de cette cause si facile à juger. Je les ai exposés avec franchise et simplicité, sans aucun des secours de la rhétorique. Loyauté des obligations, valeur supérieure du gage, volonté sincère, active, constante de les remplir au plus tôt. J'ai rendu la vérité pour le mensonge, la justice pour la calomnie. Cependant le prêtre a oublié tout ce que le prêtre pouvait oublier. J'ai contenu les sanglots prêts à éclater; j'ai gardé les larmes dans mon cœur.

C'est déjà pour moi une longue et triste habitude! Je n'ai pas voulu attendrir mes lecteurs,
mais les persuader. Ce n'est pas leur sympathie
que j'ai demandée, mais leur estime.

Et maintenant j'en appelle avec confiance aux
cœurs justes, aux esprits droits : suis-je un malhonnête homme? méritais-je qu'on se fît un
point d'honneur de mon déshonneur, une satisfaction de ma perte?

II.

Que, cherchant à motiver le scandale qui m'a
privé de ma liberté, on m'ait accusé de mauvaise foi, c'était la condition nécessaire pour
agir de la sorte. Mais comment prévoir qu'on
eût été plus loin; que le créancier, outre la
crainte de ne pas ravoir son argent, renfermât
encore dans son cœur la volonté de me perdre!

M'attendre à beaucoup d'humiliations insé-
parables de mon malheur, je le pouvais, je le
devais même. Il suffit que l'infortune vous frappe,
pour que l'on pense que vous l'avez méritée.

Mais je comptais en triompher bientôt, car j'en avais les moyens.

Quelle fut donc la désolation de mon âme, quand je m'aperçus que j'avais non-seulement la fortune contre moi, mais aussi les hommes : les hommes qui, au lieu d'alléger ma peine, de l'adoucir, ne s'étudiaient, au contraire, qu'à l'aggraver, qu'à l'étendre ; les hommes qui en étaient les impitoyables auteurs. Ils savaient que les vices se donnent la main, que l'un sert à l'autre comme d'échelle ; et ils ont cherché à prouver par moi la maxime ; et comme si mes véritables défauts ne m'humiliassent pas assez, ils m'en ont attribué de tout à fait supposés. Après l'honneur et la probité, ils attaquèrent mes mœurs et ma conduite : l'une de ces accusations appuierait l'autre ; réunies ensemble, elles obtiendraient plus de croyance. Ils s'étaient fait de ma perte complète une nécessité aussi pressante que la ruine de Carthage dans les harangues de Caton.

Mais ils oublièrent qu'insister à vouloir trop prouver est le plus souvent un indice de la faiblesse des preuves que l'on a entre les mains. Une persécution acharnée, des accusations multipliées et continuelles, peuvent et doivent même faire naître dans les esprits droits le soupçon que c'est la passion qui parle, et par conséquent exagère ; et que, sous le masque d'un zèle si empressé à stigmatiser la faute, se cache une cause non moins injuste et mille fois plus coupable : la fureur inhumaine de perdre tout à fait l'innocent iniquement opprimé, afin qu'il ne puisse, en se relevant, dévoiler l'atrocité de la conduite qu'on a tenue envers lui.

Cependant je sens dans mon âme que la faute première, celle qui m'a traîné en prison, n'est pas en moi; et je crois aussi l'avoir victorieusement démontré. Ce point éclairci, on pourra penser que les autres imputations, peut-être moins viles aux yeux de bien des personnes, mais pour tel homme que moi plus honteuses, ne sont pas plus vraies, ne sont même que des inventions fabriquées dans le but de me rendre méprisable sous tous les rapports, indigne non-seulement d'estime, mais encore de pitié.

Je manquerais de respect à mon caractère sacré, en descendant de moi-même à discuter une à une les turpitudes par lesquelles on m'a dénigré si cruellement. Peut-être aucun des ennemis ne m'a jugé aussi sévèrement que je l'ai fait moi-même dans ces heures d'examen silencieux et solennel, où, désabusé de tout, je pesais mes actions. Je pourrais prouver facilement qu'elles ont été calomniées par ceux qui mettaient tant d'intérêt à me pousser dans la fange jusqu'à ce que mes pieds y fussent pris. Mais outre qu'il ne me convient, ni comme homme ni comme évêque, de la remuer cette fange, et si les calomniateurs ont oublié leur grade et le mien, en répandant le scandale, ils ne me le feront pas oublier à moi; une autre raison non moins forte et de grand poids pour mon cœur, me le défend. Si je réclame pour juges tous et chacun en ce qui touche la probité, en ce qui concerne ma morale conduite, je n'en reconnais qu'un seul sur la terre, un seul de qui je dépends; et devant lui seul, sans craindre de me souiller en répétant ces souillures, je peux l'exposer, la justifier, comme un fils aux pieds de son père, comme un évêque au Chef des évêques. Et c'est ce que j'ai hâte de faire au plus tôt, et c'est ce que je ferai dès que je rentrerai en Italie.

En attendant, pour donner sur ce point aussi quelque satisfaction au lecteur, j'indiquerai la source d'où tant de lâchetés sont sorties : cela seul suffira pour m'en blanchir entièrement.

Mais avant d'aller plus loin, qu'on me permette une observation : Comment les hommes sont-ils ainsi de feu pour le mensonge, eux qui sont de glace à la vérité? On dirait que quand ils se réunissent, leurs oreilles s'allongent. Et pourtant dans les inimitiés toutes les bouches devraient être nécessairement suspectes. Lorsque

je vais montrer l'origine des calomnies, on verra
si, au lieu d'y croire si facilement, on ne devait
pas plutôt les mépriser comme viles et impu-
dentes, et non les répéter avec la complaisance
de l'écho, et non les exagérer même, et leur
donner un aspect, sinon de vérité, du moins
d'importance que le mensonge ne doit jamais
avoir.

J'ai dit plus haut que non-seulement la fortune, mais les hommes aussi se déclarèrent
contre moi : et quels hommes!... Oh! que ceux
auxquels j'ai montré en toute occasion tant d'a-
mitié, disent si je n'en avais pas assez pour
eux. Les trouver aussi ingrats a été plus amer
encore à mon âme! Les bienfaits ne laissent pas
de traces plus profondes dans certains cœurs
que l'aile de l'oiseau n'en laisse dans l'air ou sur
les flots. Des hommes précisément en qui je
devais avoir le plus de confiance; des hommes
qui avaient mangé de mon pain, qui s'étaient
abrités sous mon toit, qui me devaient le peu
qu'ils étaient dans le monde; des hommes qui
du moins par pudeur auraient dû s'abstenir de
figurer au nombre des ennemis! Hideux spectacle que celui de domestiques qui osent se
séparer de leur maître et lui déclarer la guerre!
Jamais trahison n'est si perfide et si coupable,
en même temps si pernicieuse.

L'un m'était redevable d'avoir assuré son état présent et sa carrière à venir; je le traitais plutôt en ami qu'en secrétaire.

Un autre, comblé de généreuses attentions, aux jours de ma prospérité poussait le respect pour moi jusqu'à la bassesse.

Un troisième, déjà renvoyé une première fois pour motif suffisant, m'écrivait quelques mois après « qu'il était sur le pavé, sans asile, sans « habit, sans pain, *sans autre ressource que la* « *Seine !.... ou ma providence;* » et moi, touché de ses plaintes, je consentais à ce que la couleuvre vînt de nouveau se réchauffer dans mon sein.

Dès le second jour de ma peine, les deux premiers, sans pitié pour ma récente infortune et sans l'ombre même d'un sujet de plainte contre moi, dès le second jour, pas plus tard, déchirèrent mes plaies toutes saignantes par un billet dans lequel, en renonçant à mon service, ils m'accablaient lâchement d'injures telles qu'il me fut impossible de les lire sans un serrement de cœur plus douloureux que la mort, puisqu'il me laissa vivre encore [a]. .

Quant au dernier, Dieu sait avec quelle abné-

---

[a] En ce moment je restais débiteur envers eux de quelques petites sommes sur leurs gages. Dans le billet ils n'en disaient pas un mot.

gation de moi-même, bien que captif, bien que
sous le poids de la plus affreuse indigence, je
l'ai gardé avec moi, non par besoin que j'en
eusse, mais parce que, en l'abandonnant, il ne
lui restait que la terrible ressource annoncée :
je voulus l'en sauver une seconde fois, me con-
damnant moi-même pour lui aux plus dures
privations.

Maintenant on verra de quelle manière tous
les trois m'ont traité. Si l'on croyait que mon
esprit fabriquât des contes et les donnât pour des
faits, que l'on me suive sévèrement; et comme
leurs propres paroles valent aussi bien et mieux
encore que les miennes, je me bornerai à copier
leurs missives : quand on les lira, j'entends d'ici
le public s'écrier avec indignation et mépris :
Les hommes sont-ils donc si méchants, si vils
que cela !

Paris, ce 17 février 1836.

Monseigneur,

« Si après demain, vendredi, à midi, heure à laquelle je
sors pour toute la journée, vous ne m'avez pas fait payer
les 324 francs que vous me devez, à la même heure les
imprimeurs auront entre les mains une notice biographique
que je ferai tirer à 400 exemplaires et circuler à Paris,
Rome et Venise, dans tous les coins où votre nom peut être
connu. *Peu m'importe ce qu'on en dira : vous serez diffamé,*

c'est ce que des personnes VEULENT PAR LEURS MOTIFS : vous
le serez, si l'argent ne vient pas. Souvenez-vous de vendredi
à midi.

L.

Cette lettre non-seulement décèle la bassesse
d'âme de son auteur, mais elle prouve aussi une
conspiration déjà ourdie contre moi entre lui et
tel individu qui, *par ses motifs*, avait intérêt à
me décrier comme infâme, espérant ainsi faire
excuser ses violences. Mais quel renversement
de toute morale! Ou je méritais l'exécration des
honnêtes gens, et trois cent vingt-quatre francs ne
devaient pas m'en sauver : ou non, et comment
oser suspendre la diffamation sur la tête d'un innocent pour quelque vile récompense? Et lui-
même montre bien qu'il commet sciemment
une indignité, quand il dit : *Peu m'importe ce
qu'on en dira.*

Mais ce billet, tout monstrueux qu'il paraisse,
ne fut que l'éclair précurseur de l'orage, le petit
feu des tirailleurs, si la comparaison m'est per-
mise, qui précède un engagement sérieux. Le
5 mars j'en reçus un autre du second de mes
secrétaires :

Paris, dimanche, le 5 mars 1836.

MONSEIGNEUR,

« Je crois que vous manquez encore plus de bonne volonté que d'argent. Je vous préviens donc, par le présent

93

avis, que si d'ici à mercredi prochain je ne reçois pas les
460 fr. 15 c. qui me sont dus, je céderai enfin aux insinuations puissantes et continuelles d'une personne qui, depuis
longtemps, *m'engage à écrire des notices quelles qu'elles
soient contre vous.*

« Et ne croyez pas que ce soit là une vaine menace, c'est
un fait positif, et M. P. a déjà vu *une partie des fonds déposés
comme arrhes entre mes mains.*

« Ou mercredi mon argent, ou jeudi je livre les notes qu'on
me demande.

« Que cet avis vous serve de règle, et ne le négligez pas.

C. ¹⁴ »

Il est facile de voir par le rapprochement des
dates et par la nature des menaces identiques
dans les deux lettres, que les auteurs avaient
trempé tous les deux leurs plumes dans le même
fiel et suivaient un plan tracé d'avance; plan
suggéré par un troisième personnage qui avait
donné de l'argent pour l'exécution (il importe
que l'on s'en souvienne). Le sieur C. avoue nettement de céder aux insinuations continuelles
d'une personne qui l'excite à me diffamer par *des
notices;* il ajoute *quelles qu'elles soient;* comme
pour m'inspirer la crainte que même le mensonge on l'emploiera pour me perdre et servir
la haine d'autrui. Et tout cela pour un peu
d'argent!

En vérité, il faut avoir une foi bien robuste

dans la dignité humaine pour ne pas s'abandonner à la plus profonde affliction, en voyant des êtres qui pourtant appartiennent à notre espèce, mettre en balance d'un côté leur honneur et l'honneur d'autrui, de l'autre quelques centaines de francs, et trouver ceux-ci plus pesants.

Quatre jours après la réception de cette lettre, en voilà une seconde : même auteur, même style :

Mercredi, 9 mars 1836, huit heures du soir.

« Monseigneur,

« Le mercredi va expirer ; demain jeudi, 10 mars, à trois heures précises d'après-midi, je livrerai sans faute votre biographie, *qui déjà m'a été payée d'avance.* Il m'est impossible de faire autrement, à moins que vous ne me payiez avant l'heure dite, car j'ai déjà dépensé en grande partie l'argent que j'ai reçu pour ce travail. Demain donc, ou les 460 fr. ou la diffamation, il dépend de vous de choisir.

C. [15] »

A toutes ces menaces je ne répondis mot, ne daignant pas même me plaindre d'une pareille impudence.

Je dois pourtant dire, pour rendre hommage à la vérité, que le sieur C. ne tarda pas à se repentir ; il eut honte de lui-même, comme on

le voit par son troisième billet; et s'il ne rega-
gna pas mon estime, il obtint du moins mon
pardon.

Paris, le 6 avril 1836.

« Monseigneur,

« Le huit de ce mois il faut que je paye le terme de mon
loyer, et je n'ai pas d'argent. Consultez votre bon cœur, Monseigneur, et envoyez-moi les 460 fr.; je vous en aurai une
reconnaissance infinie.

« Le besoin seul, Monseigneur, m'avait fait recevoir
l'argent que M. P. a vu entre mes mains; mais cet argent je l'ai rendu, car mon cœur ne pouvait supporter
l'idée de payer par des outrages tous les bienfaits que j'ai
reçus de vous, et *de servir la malveillance de ceux qui vou-
draient vous diffamer.*

« J'espère, je suis certain même, Monseigneur, que vous
oublierez tout le passé, et que vous pardonnerez généreuse-
ment, comme vous l'avez toujours fait, la faute que le besoin
m'avait entraîné à commettre; vous serez pour moi un ange
consolateur.

« Je suis avec un profond respect,

« Votre très-humble serviteur,

C. [16] »

Sur ces entrefaites, une circonstance qui pourrait sembler fortuite, mais que j'attribue à la
providence du bon Dieu, vint me dévoiler complétement le caractère de mon troisième com-

mensal, que, je l'ai dit, je voulus soustraire à
une fin misérable. Un individu se présenta de la
part d'un capitaliste pour acheter mes créances
sur le duc de Lucques, *proposées par mon secrétaire*, ce dont je ne savais pas un mot. Il était
étonné que j'eusse remis cette affaire aux soins
d'un tiers, qui, selon lui, ne méritait pas confiance, car il exigeait du capitaliste 12,5oo fr.
de commission secrète dès que serait passé le
contrat, outre ce qu'il pouvait attendre de ma
libéralité. J'eus peine d'abord à me persuader
d'une semblable noirceur, et j'en demandai la
certitude et des preuves. Le capitaliste en personne me confirma le récit de son mandataire.

Tant d'ingratitude, d'indélicatesse, de cupidité me révolta, m'accabla de chagrin et d'indignation. Convaincu que cet homme répondrait
toujours au bien par le mal, je le congédiai de
nouveau le 8 du mois de mars. Mais pour
ne pas l'humilier davantage, je lui donnai, en
supprimant la vraie cause de son renvoi, je lui
en donnai une autre qui devait suffire : ma
position chaque jour plus malheureuse, qui
m'empêchait de continuer ce que j'avais fait
jusqu'alors.

Je ne sais s'il a été prudent de lui épargner
des reproches d'improbité, dans la persuasion
où j'étais et suis encore, qu'avec certaines âmes

qui conservent un reste de pudeur, il est dangereux de mettre à nu leur turpitude : n'espérant plus d'en imposer au moins par l'apparence, elles rejettent toute honte et se pervertissent complétement. Cette opinion peut être vraie pour beaucoup d'humains, mais elle ne le fut pas pour mon homme. Depuis longtemps il avait déjà secoué la honte et savait l'envisager sans frémir.

Le lendemain de son départ il m'envoya le billet suivant :

Paris, le 9 mars 1836.

« MONSEIGNEUR,

« Vous m'avez hier congédié d'une manière formelle. Devais-je m'y attendre? Vous méditiez peut-être depuis plusieurs mois de vous débarrasser de moi, comme d'un fardeau insupportable : vous en voilà délivré enfin. Je ne vous en ferai aucun reproche. C'est votre fatalité, Monseigneur, qui vous porte à déprécier les honnêtes gens. Les hommes obéissent en aveugles à leur fatalité, et vous ne sauriez être une exception.

« En cessant de vous appartenir, je vous prie d'agréer l'hommage du profond respect avec lequel j'ai l'honneur d'être,

« Monseigneur, de V. G.,

« Le très-humble et dévoué,

P. »

7

98

Dans ce billet, si on en excepte la phrase : *Je ne vous en ferai aucun reproche,* phrase qui sent un peu la victime de mélodrame, et qu'on peut passer à un homme qui se croyait un mérite supérieur, le reste est en règle, puisqu'il ne se doutait nullement que je le connusse en entier. D'ailleurs, comptant sur ma facilité naturelle et sur mon cœur si disposé à la pitié, il se flattait peut-être, en jouant la résignation, que j'en serais ému et que je l'aurais rappelé. Quoi qu'il en soit, le second billet me fait croire que ma supposition ne s'éloignait pas du vrai. Ayant perdu, par mon silence, cet espoir, il jette entièrement le masque qu'il avait emprunté, et se montre dans toute sa laideur révoltante :

Paris, le 10 mars 1836.

« MONSEIGNEUR,

« Puisque vous n'avez daigné faire aucune réponse à mon billet d'hier, qui en méritait cependant une, voici ce que je viens vous dire bien positivement.

« Attendu les services *que l'on doit croire* que j'ai dû vous prêter dans votre captivité, l'appointement que vous me devez ne peut pas être de 60 fr., comme vous me l'avez déjà payé, mais, dis-je, il ne peut pas être au-dessous de 150 fr. par mois, pour tous les mois passés, non compris le logement et la table. Je pense être très-discret et très-raisonnable en le fixant comme ça.

« Vous me devez donc encore, selon cette juste prétention,

la somme de 787 fr., que vous m'enverrez demain, jeudi, avant midi sans faute. Si vous ne le faites pas, je remettrai tout de suite aux rédacteurs des journaux les plus répandus, un article relatif à votre créance de Lucques, *tellement conçu* qu'il fera passer l'envie aux capitalistes de l'acheter, et à faire tomber dans l'eau toutes les négociations que vous venez d'entamer avec un personnage que je connais.

« Mais, ce n'est pas tout, Monseigneur, ce n'est pas tout! mon arsenal vaut mieux que celui des messieurs L. et C. : on me croira, moi. J'ai des armes meurtrières. Malheur à vous si je me mets à m'en servir!!!... *Je ne vous menace pas d'une biographie. Bah! c'est banal, c'est usé.* Oh! si jamais je me mêlais d'en faire une! je vous promets que vous en sentiriez les conséquences tout le reste de votre vie. *J'ai des moyens hors de toute atteinte des lois,* par lesquels je vous creuserai un abîme dont aucun homme au monde ne pourra vous retirer.

« En résumé, Monseigneur, si vous m'envoyez demain la somme *que je veux,* bien : sinon, *tant pis pour vous, tant mieux pour moi.* Que de choses sont renfermées dans ce peu de mots!

« C'est par un reste de générosité que je vous offre le moyen d'arrêter la diffamation *dont je suis capable de vous flétrir.*

« Craignez-moi, respectez-moi surtout : car si un mot seul vous échappe qui me blesse, et je le saurai, gare à vous!!!...

« Ainsi, Monseigneur, à demain avant midi; oui ou non. Je suis inébranlable comme un rocher.

P.

Peut-être son premier billet exigeait-il quelque réponse? Toute relation n'avait-elle pas cessé entre nous? ne l'avait-il pas reconnu lui-même

7.

en cessant de m'appartenir? Nous nous étions séparés d'un manière convenable et sans plaintes réciproques.

Mais n'est-elle pas admirable la discrétion avec laquelle il fixe lui-même ses appointements à 150 fr. par mois, non compris la nourriture et le logement? Lui, cet homme, il faut bien le répéter, cet homme qui, ne sachant où reposer sa tête ni comment satisfaire aux plus pressants besoins, écrivait naguère que sans ma pitié il n'aurait pas d'autres ressources que la Seine!.... lui que j'ai secouru autant que je le pouvais, et plus encore, jusqu'à me dépouiller pour le couvrir, jusqu'à lui donner parfois les seuls cent sous qui me restaient dans la bourse pour mes urgents besoins!....

Mais elle est bien plus étonnante cette naïveté avec laquelle il parle des services que l'on doit croire qu'il m'ait rendus pendant ma pénible captivité. *Que l'on doit croire!....* Mais ces services sont donc seulement présumables et non positifs; et lui-même aura donc beaucoup de peine pour en convaincre ceux qui voudront l'écouter. C'est là un excès d'impudence difficile à concevoir; mais ce ne sera ni le dernier ni le plus fort. Il est en bon train.

Il traînera mon nom dans la boue, *et les journaux les plus répandus* lui en fourniront les moyens. Il parlera de mes créances lucquoises *de manière à faire passer l'envie aux capitalistes de les acheter, et à faire tomber dans l'eau toutes mes négociations entamées avec un personnage qu'il connaît* (celui dont il exigeait 12,500 f. de pot-de-vin. Peut-être l'avait-il revu et avait-il appris de lui que je savais à quoi m'en tenir. *Inde iræ*.).

Il ne me menace pas d'une biographie : son arsenal vaut mieux que celui des sieurs L. et C. (il y avait donc accord entre les membres de ce nouveau triumvirat). *Il a des moyens hors de toute atteinte des lois. C'est par un reste de générosité qu'il m'offre le moyen d'arrêter la diffa*mation DONT IL EST CAPABLE DE ME FLÉTRIR.

Au fait, c'est de la générosité de sauver un homme d'un si épouvantable destin pour la somme de sept cent quatre-vingt-sept francs qu'il VEUT! Si je refuse, *tant pis pour moi, tant mieux pour lui;* et de telles paroles dans cette bouche, dans cette âme qui met à l'enchère la réputation de son bienfaiteur, de telles paroles ne semblent-elles pas vouloir dire, que le prix de ses calomnies s'élèvera à un taux plus fort que la somme qu'il *veut* de moi!

La voilà cette lettre, dans laquelle il dit que si j'ose la publier, *gare à moi !*

De ma part, pas de réponse. Le jour après, il m'écrivit la troisième :

102

Le 11 mars 1836.

« Monseigneur,

« Ou vous écoutez des flagorneurs qui vous trompent, ou vous êtes d'une stupidité incroyable. Voici mon dernier avertissement, ma dernière sommation. C'est par miséricorde pour vous que je n'ai pas encore commencé à donner exécution à ce que je vous ai promis ; car dès le moment où je le ferai, vous êtes perdu. Voulez-vous donc filer dix ans dans votre prison ? Voulez-vous être stigmatisé d'une manière effrayante ? Voulez-vous être la fable, la risée de Paris, l'horreur de Venise et de Rome, enfin l'homme que tout le monde signalerait avec des sentiments que je ne veux pas vous dire ? Avez-vous entièrement perdu la tête ? Si vous ne l'avez pas entièrement perdue, si vous n'êtes pas le dernier des fous, hâtez-vous de m'envoyer, demain avant onze heures, la somme de 787 fr. que je vous ai demandée, *et que je veux*. Ne perdez pas un instant ; je vous jure que je tiendrai ma parole ; les journaux retentiront de ce que je leur donnerai sur vous ; vous serez foudroyé par un feu roulant d'articles, d'épigrammes ; je vous mettrai en butte aux journalistes qui s'empareront du sujet et vous flagelleront sans pitié. De mon côté, *j'ai déjà tracé la première livraison de votre biographie ; et si, après qu'elle sera publiée, vous dites qu'elle est controuvée*..... OH ! QUELQUE CHOSE EN RESTERA TOUJOURS.

« En attendant, je donnerai l'éveil aux créanciers ; j'enverrai à Rome, à Venise, partout, les journaux que je ferai parler de vous. Après aussi, je mettrai tous les capitalistes d'ici sur leurs gardes ; je vous promets que je ferai tout pour que vous ne vendiez pas votre créance ; j'y réussirai, je le jure.

« Ainsi songez-y bien. »

P.

Si, au lieu de se trouver écrites dans un billet, de semblables paroles étaient prononcées d'homme à homme dans un endroit solitaire, ne croirait-on pas les entendre de la bouche d'un brigand qui demande la bourse ou la vie ?

Bien que mon cœur se révolte contre la nécessité où je me trouve d'examiner des horreurs qui dégradent l'humanité, je ferai observer que cet homme qui dédaignait une biographie comme moyen *banal et usé*, maintenant, en moins de vingt-quatre heures, y revient avec amour, et se trouve parfaitement d'accord avec les autres. C'est là un fait inconstestable. Quelqu'un donc insistait sur ce moyen; et un certain libelle manuscrit, dont je parlerai tout à l'heure, qui a été vu par M. l'abbé prince de Broglie, ne me laisse à cet égard aucun doute.

Le sieur P. avait donc achevé les premiers articles de ma biographie, et *si, après qu'elle sera publiée, je dis qu'elle est controuvée....* OH! QUELQUE CHOSE EN RESTERA TOUJOURS! Je suis évêque, je ne dois rappeler ici ni Beaumarchais ni son Basile.... mais je demanderai à toutes les âmes qui se respectent : L'homme qui a l'inconcevable audace de convenir qu'il vous diffamera, et d'ajouter comme une espérance diabolique : — Vous aurez beau réfuter la calomnie, il en restera toujours quelque chose; — cet homme peut-il prétendre à la moindre confiance, peut-il jamais en inspirer?

Si je n'avais pas sous les yeux ces lettres, si les faits déplorables qui les ont suivies ne m'avaient pas trop prouvé leur triste réalité, je croirais être abusé par un songe; tant, à mon avis, une pareille monstruosité est hors de toute supposition. La bassesse et la faute sont sans doute dans l'humanité; mais que les malheureux qui s'y abandonnent, osent après s'en vanter avec tant d'effronterie!!!.... [a]

Celle de cet homme a été telle, qu'il vint au greffe de ma prison demander la réponse à ses lettres. Il en fit voir plusieurs autres horriblement diffamatoires, toutes préparées, et déjà avec l'adresse pour Rome, Vienne et Venise, où il menaçait de les envoyer si je ne lui donnais pas la somme qu'il réclamait injustement [b]; et quand la personne à laquelle il s'adressait lui

---

[a] Quoique je doive espérer que l'on croit assez à ma probité pour que personne ne me suppose capable de fabriquer de pareilles pièces tout à fait incroyables; néanmoins, comme elles pourraient sembler telles à quelqu'un, ceux qui voudront les examiner par eux-mêmes, les trouveront en original à la préfecture de police, où alors je les ai fait déposer, selon l'avis de conseils éclairés, en invoquant la protection des lois contre la calomnie.

[b] En effet, ces horreurs y ont été envoyées par lui. Je ne peux pas dire ici tout le mal qu'elles m'ont fait.

105

reprocha son ingratitude et sa lâcheté, il osa
répondre ce qu'on va lire ci-après :

Direction de la prison pour dettes.

Paris, le 9 avril 1837.

A Monsieur le comte de Foscolo, patriarche de Jérusalem.

« Monseigneur,

« En réponse à la lettre que vous m'avez fait l'honneur
de m'écrire en date du 6 courant, j'ai l'avantage de vous
faire connaître la conversation que j'ai eue avec M. P., votre
ex-secrétaire, dans le courant du mois d'avril 1836.

« Cet homme supposant que vous eussiez reçu de l'argent,
s'empressa de venir à mon bureau, en me priant de vous in-
viter à lui en remettre une certaine somme qui, si ma mémoire ne me trompe point, était d'au moins 500 fr. Je ne
pus m'empêcher de lui faire part de mon étonnement, car
je ne pensais point que cet argent ne lui fût point dû ; je lui
fis remarquer qu'il n'avait qu'à se présenter chez vous et
qu'il serait de suite satisfait. Pressé par lui d'avoir cette complaisance, j'obtempérai, et j'appris par vous, Monseigneur,
que vous ne lui deviez rien, et que cet homme spéculait
sur la menace coupable qu'il faisait, de lancer contre vous
un libelle diffamatoire, si vous ne lui donniez point d'argent.

« Honteux d'avoir un instant écouté cet homme, je ne
pus m'empêcher le lendemain de lui démontrer combien sa
conduite était odieuse ; je cherchai même à le rappeler à des
sentiments plus dignes ; mais en vain. Il me répondit : *Il est
très-facile de parler ainsi lorsqu'on ne manque de rien ; mais*

pour l'homme au désespoir et privé d'argent, tous les moyens de s'en procurer sont bons.

« Depuis je n'ai plus revu M. P.

« Recevez, Monseigneur, l'assurance de ma haute considération.»

Léveillé.

Je déplore sincèrement mon malheur d'avoir eu à faire dans ma vie à de pareils êtres ; et j'avoue avec quelque confusion que je dois en partie ce malheur à la trop grande facilité de mon caractère. Mon cœur est malheureusement comme ces plantes vivaces toujours prêtes à s'attacher à tout ce qui les environne, et à s'y unir étroitement. C'est chez lui un vice de nature ; jusqu'à ce que je l'aie arraché, il restera toujours prêt à pousser ses rameaux au loin. Aurai-je un jour le courage de lui greffer un peu d'égoïsme, pour arrêter cette pousse luxuriante ; pour me persuader que la voie du monde n'est facile que pour celui qui sait extirper de son cœur toute sensibilité ; que l'enthousiasme de la bienfaisance peut être comme la vapeur : un véhicule puissant sur un petit nombre de routes préparées, partout ailleurs une cause de chutes ; et que les passions généreuses ne produisent que malheur !...... Non ! jamais ! quoiqu'une qualité si chrétienne, une qualité qui dans ma franchise me paraît et certainement est louable, n'ait pas peu contribué à exciter les calomnies qu'on a répandues contre moi.

Je ne pense pas que personne puisse me faire un reproche de n'avoir point arrêté le scandale aux conditions proposées. Le scandale aurait été, selon moi, bien plus grand, et, ce qui est pis encore, plus pernicieux, si j'avais accepté le pacte de honte que l'on m'offrait comme ancre de salut. J'aurais mis l'innocence aux genoux et à la merci de l'iniquité; j'aurais sanctionné le triomphe de la bassesse et du mensonge. En ne répondant pas aux lettres qui me furent adressées [a], en méprisant par un silence absolu ceux qui les avaient écrites, il est certain que j'ai aigri leur animosité et que je me suis fait un grand mal; mais ce mal a été pour moi seul, et non pour la morale publique; et le bien général doit toujours l'emporter sur le particulier dans toute âme qui a le sentiment profond de la justice, et qui respecte sa dignité.

Et maintenant aurai-je la force de revenir jusqu'au bout sur un passé qui pour moi est toujours du présent? Oh! mon Dieu, tout y a été

[a] Je fis payer aux deux premiers signataires de ces lettres ce qui leur était dû, mais seulement après qu'il se fût passé quelque temps entre la demande et le payement, pour que celui-ci ne parût pas être un effet de leurs menaces.

horrible, si horrible, que même à présent que
je peux répondre aux clameurs de la haine, à
présent que la haine fait semblant de se taire,
même à présent je ne puis y songer sans que
mon cœur ne soit prêt à se briser dans ma poi-
trine.

Après ce que j'ai dit jusqu'ici, il me resterait
donc à parler d'un certain libelle diffamatoire
manuscrit, que l'on a donné à lire de côté et
d'autre, et que l'on a même expédié à Rome
pour m'y ruiner entièrement. Mais je crois plus
convenable d'en faire connaître seulement l'esprit
par la lettre suivante que j'écrivis à mon incarcérateur :

De la prison, le 30 mars 1837.

« MONSIEUR LE CURÉ,

«M. le prince de Broglie, qui m'honore de son amitié, s'é-
tant trouvé avec vous dans une circonstance que, veuillez
bien le croire, je n'ai point provoquée, a pensé devoir vous
exprimer tout ce que mon arrestation et ma captivité avaient
de fâcheux et de peu digne de leurs auteurs. Vous lui lûtes
alors un libelle diffamatoire dirigé contre moi. Ce libelle,
placé sur votre bureau, sans cesse sous les yeux, vous le
considérez peut-être comme une nécessité de votre fausse
position. C'est une réponse toute prête aux reproches que
l'on peut vous adresser, et vous pensez vous justifier en ac-
cusant, en calomniant votre victime. Non, Monsieur le curé,

par de semblables moyens vous ne faites qu'aggraver vos
torts envers moi; et lorsqu'on vous fait des observations
sur ce que contient ce mémoire, vous indiquez les sources
où vous avez puisé, et vous entrez dans des détails que je
ne veux pas qualifier.

« Quoique je me sente au-dessus d'injures de ce genre,
je ne puis garder le silence, en apprenant cette nouvelle
torture morale; et si ce n'est pour ma personne, je dois
à ma dignité et aux autres de relever et au besoin de flétrir
une telle conduite; voici pourquoi je vous écris.

« Comment, Monsieur le curé, il ne vous suffit pas de
m'avoir privé de la liberté; et pour arriver à vos fins, ce
n'était pas assez de me calomnier dans votre requête au président du tribunal, par laquelle vous me présentez, vous
Curé....... moi Patriarche....... comme un malhonnête
homme qui, après avoir fait disparaître tous ses effets, va
échapper à ses créanciers par une fuite honteuse; quand
vous connaissiez si bien la fausseté de ces allégations; quand
surtout vous saviez que la fuite m'eût été même impossible
et par l'état de ma santé et par la confidence que je vous avais
faite de l'extrême pénurie de mes finances.

«Ce n'était pas assez, pour convertir mon arrestation provisoire en incarcération définitive; ce n'était pas assez d'en
avoir imposé à mon ignorance des lois et paralysé l'exercice
de ma défense, en m'envoyant par M. Maillefer-Corribert,
le funeste conseil de ne pas me faire représenter au tribunal,
pour éviter, selon vous, des frais que néanmoins à ma sortie
de cette prison je serai forcé de payer? Ainsi vous m'avez
empêché de recouvrer ma liberté que j'aurais obtenue tout
de suite, en démontrant à mes juges l'invention de vos allégations, que je n'ai connues que quinze jours après, alors
qu'il n'y avait plus moyen de faire valoir mes raisons.

« Tout cela ne vous a pas suffi, dis-je; vous avez encore

recours à la diffamation, et vous vous acharnez contre un homme que vous croyez avoir mis à terre. Quelle idée donnez-vous de votre cœur? Mais non, Monsieur, ne vous flattez pas de m'avoir fait tomber si bas, que je ne puisse me relever.

« M. le prince de Broglie ne m'a pas tout dit, je le sens, soit ménagement d'amitié, soit respect pour mon caractère, soit manque de mémoire; mais, par les faits qu'il m'a rapportés, je juge de ce que j'ignore.

«J'admets, par impossible, que tout ce que contient votre misérable libelle soit vrai : était-ce à vous à publier ma honte, à vous qui m'avez fait tant de mal? Vous prêtre, est-ce ainsi que vous observez la charité chrétienne? De vous à moi, songez-y bien, Monsieur le curé, de *vous à moi*, il ne peut s'agir que d'une question d'argent. Hors de là, c'est de la méchanceté, c'est de la haine, c'est de la vengeance. De la vengeance!....... que vous ai-je fait? de la haine!....... comment me suis-je attiré la vôtre? Oh ! si quelqu'un pouvait récriminer, j'aurais bien, moi, le droit de me plaindre; car c'est vous qui avez flétri ma vie par la prison, vous qui avez compromis mon avenir; et cependant depuis que je souffre de vos coups, j'ai fait taire mes douleurs ; je ne vous ai pas calomnié, c'est trop indigne de moi, Monsieur le curé..... je n'ai pas même daigné dire un mot amer contre vous.

«Si, dans l'hypothèse que je viens de poser, vous ne pouvez avec honneur vous porter mon accusateur, que voulez-vous que l'on pense, quand tout cela n'est que calomnie et mensonge? Réfléchissez-y, Monsieur, il est des maux qui sont irréparables; et celui que vous me causez est de ce nombre. Quand je vous aurai payé, qu'aurez-vous à me demander? rien. Mais comment pourrez-vous rétablir mon honneur attaqué par vous? comment effacerez-vous la flé-

trissure que vous avez attachée à ma vie? Vous prêtre, vous
curé, combien de fois vous aurez tonné de la chaire contre
la médisance, menacé des foudres du ciel la calomnie!...

« Je voudrais croire que ce libelle n'est pas de vous, et
qu'il est l'œuvre de l'homme qui vous a poussé à me faire
incarcérer. Ce qui me porte à penser ainsi, c'est qu'un individu, se disant envoyé par QUELQU'UN, n'a pas rougi, l'an
passé, de donner de l'argent à un de mes anciens secrétaires,
pour qu'il écrivît contre moi. Cet argent a été rendu par le
malheureux un instant égaré; il a rejeté ce honteux salaire;
mais la tentative de corruption n'en existe pas moins.

« Une chose, Monsieur le curé, m'est surtout pénible;
c'est que vous ayez dit que les éléments de ce mémoire vous
les aviez recueillis près de mes secrétaires et dans les hôtels
que j'ai habités [a]. Non, Monsieur, vous n'avez pas fait cela;
non, vous n'avez pu ainsi abuser de l'hospitalité que vous
trouviez chez moi; non, vous n'êtes pas descendu à jouer
un rôle aussi vil; non, lorsque je vous recevais, que je
vous parlais avec affection et confiance, lorsque je pressais
votre main, non, dites-le, que je ne serrais pas celle d'un.....
je ne peux écrire ce mot. Eh, grand Dieu! à quels hommes
vous fussiez-vous adressé! à des ingrats que j'avais comblés
de bienfaits, et qui ont voulu exploiter d'une manière honteuse ma triste position. Pour eux la calomnie était un moyen;
ils ont voulu s'en servir; ils me l'ont écrit avec menaces; et
j'ai gardé et je garde les preuves de leur bassesse. A les entendre, ils allaient imprimer et répandre en tous pays des

---

[a] Pour ce qui concerne mes secrétaires, j'ai dit déjà ce que je devais
dire; mais comme dans le libelle diffamatoire dont il est question ci-
dessus, on parlait aussi des hôtels que j'ai habités, je me suis résigné
encore à l'humiliation de solliciter le témoignage impartial de leurs pro-
priétaires. On en trouvera les réponses à la fin, aux nos 17, 18 et 19.

pamphlets contre moi. Ils ont eu l'impudeur de me proposer d'acheter leur silence, qu'ils n'ont pas craint de mettre à prix. La bourse ou l'honneur ! comme les assassins, la bourse ou la vie !

« Je ne veux rien ajouter à cette lettre. Il est des sujets sur lesquels on se repose douloureusement. Je m'abstiens de nouvelles réflexions, elles seraient trop pénibles. Je voudrais qu'il me fût possible de tout oublier. Méditez sur tout ceci ; envisagez froidement nos positions respectives, j'en appelle à votre caractère sacerdotal, et j'espère encore que vous reconnaîtrez avoir cédé trop facilement à des influences dangereuses et à des sentiments que vous désapprouverez au pied de la croix de Notre-Seigneur Jésus-Christ, que je prie de vous pardonner, comme je vous pardonne. Amen !

« † Le patriarche de Jérusalem. »

J'ai fait connaître les sources d'où sortirent les eaux empoisonnées qui souillèrent mon honneur. J'ai indiqué l'esprit, l'intérêt et les vraies causes de tant d'accusations et de calomnies. C'était la seule manière de me défendre sans déroger à mon caractère. Maintenant je dépose la plume, et je me soumets au jugement du public.

Par mon silence aussi prolongé, et dans l'espoir peut-être que je ne le romprais jamais, on a cherché de toutes les manières à en tourner contre moi l'opinion ; mais je ne le reconnais pas moins comme le plus impartial, le plus équitable des tribunaux. Que ce soit un hommage de ma confiance dans son intégrité!

C'est en France surtout que la vérité finit toujours par avoir raison.

Y eût-il du danger pour moi, je préfère de m'y exposer par un excès de confiance, que d'avoir la bassesse d'outrager le public par une défiance malhonnéte; et s'il faut me montrer enfin tel que je suis, j'aime mieux trébucher même en ce combat avec l'estime des honnêtes gens, que de chercher, en le fuyant, ma sûreté dans un mépris universel.

ɪ ..... Antistitem par est apud omnes de oblatis cri-
minationibus se se purgare. Si enim b. Paulus ne in
furti apud discipulos suspicionem veniret timuit, iden-
que et alios in pecuniarum administrationem secum
assumpsit : *Ne quis*, inquit, *nos vituperet in hac pleni-
tudine, quæ ministratur a nobis* ; quomodo non omnia a
nobis agenda sunt, ut pravas suspiciones de medio tolla-
mus, etsi falsæ illæ, etsi absurdæ fuerint, etiamsi ab exis-
timatione nostra longe sint alienæ ? A nullo quippe nos
peccato tantum absumus, quantum Paulus a furto :
nihilominus tamen ille suspicionis tam absurdæ, quæ
non nisi in furiosi cujuspiam mentem venire poterat,
occasiones diu ante tollit : neque vero vulgi contemsit
insaniam, neque dixit : Cui unquam in mentem veniat
talia de nobis suspicari ? sed contra ille et suspicatus
est et expectavit hanc fore malam suspicionem, et ra-
dicitus illam avulsit. Quare ? *Providemus*, inquit,
*bona, non tantum coram Domino, sed etiam coram
hominibus.* Tantum scilicet, immo majus oportet stu-
dium adhibere, ut non modo malam subortam famam

8.

arceamus, sed etiam ut procul prospiciamus, unde ea orta est, neque exspectare dum percrebrescat, et in vulgi ore absque remedio versetur. *Chrys. lib.* vi, *de Sacerd.*, § 9.

² Juven., satyra i.

³ Multa cum comitate et mansuetudine, iniquas potius criminationes condonando, quam indigne et ægre ferendo. *Chrys. loc. cit.*

⁴ A la fin de l'année 1834, je demeurais créancier de S. A. R. le duc de Lucques :

1º De 24,000 écus romains délégués à moi par ordonnance royale du 12 septembre 1827, sur le caissier du trésor royal. écus romains 24,000

2º Des arrérages d'une pension annuelle et viagère de 6,000 écus lucquois, soit 6240 écus romains; pension assignée par S. A. R. à moi, par ordonnance du 10 décembre 1826, confirmée par décret à Rome, le 11 janvier 1827; au château de Marlia, le 21 avril 1827, et à Vienne, le 1ᵉʳ juin 1829 et 26 juin 1830; lesquels arrérages, dus à partir du 1ᵉʳ juillet 1831 jusqu'en décembre 1834, c'est-à-dire pendant trois ans et demi, montent à la somme de écus romains 21,840

TOTAL..... 45,840.

En outre, j'avais le droit d'être payé d'une manière exacte et régulière, sinon d'être remboursé de ladite pension viagère de 6,240 écus romains; plus d'une rente de 3,120 écus romains par an pendant dix ans, à partir du jour de ma mort, suivant décret royal donné aux bains de Lucques, le 27 août 1830.

La première pension capitalisée, d'après les calculs de longévité probable, produisait en 1834, pour seulement dix années de vie, un capital de 62,400 écus romains, et la seconde un capital de 31,200 écus romains.

Total pour les deux, 93,600 écus romains, soit francs 505,440.

⁸ MONSIGNORE,

Ho letto con la debita ponderazione tutti i titoli all'assegnazione di 24,000 scudi romani, ed alla pensione di annui scudi lucchesi 6,000 pari a romani 6,240 decretate a favore di V. E. da S. A. R. il duca di Lucca. Ella desidera conoscere la mia opinione intorno al valore legale de' sudetti titoli, ed in in ispecie, se gli atti di liberalità da quelli costituiti, sieno revocabili o riducibili. Io mi affretto di corrispondere alla di lei fiducia, esternandole schiettamente il mio parere.

Inquanto alla liberalità de' primi 24,000 scudi romani accennati, sarebbe assai difficile il poter giustificare la sua riduzione, a meno che non fosse consentita dalla parte interessata a riscuoterli, ovvero imposta dalle diminuite forze della parte obbligatasi a pagarli. La prima di queste condizioni manca, e la seconda non è stata neppure allegata. Una diminuzione del benificio già conceduto sarebbe dunque un atto arbitrario e quindi inammissibile.

Invano si opponga che un' ordinanza può togliere in tutto o in parte ciò che un' altra ordinanza aveva accordato. Questa dottrina, professata nel medio evo da pochi scrittori, che mal comprendevano in che consista la vera forza del principato, è omai fuor di seggio. I buoni publicisti riguardano le ordinanze graziose de' principi in materia di *danaro* come *atti di donazione tra vivi*, atti di loro natura sempre irrevocabili e rescindibili soltanto per *giuste cause*. Le ordinanze graziose conferiscono dei diritti al beneficato, e i *diritti acquisiti* non possono essere tolti per puro capriccio, per mero pentimento. Sarebbe assurdo, che mentre i donatarj in genere posseggono incommutabilmente il dono e il diritto di conseguirlo, i soli donatarj de' sovrani fossero condannati ad un possesso eternamente precario, di cui non già la legge, ma la volontà dell'uomo potesse spogliarli. Al contrario, i beneficj, che scendono dall'alto del trono debbono considerarsi come i più solenni, i più riflettuti, i più giusti; nè si può senza offesa della maestà del donante supporre, che il principe abbia donato per celia, per divertimento, o ciò che torna lo stesso, colla bizzarra, colla illusoria intenzione e riserva di ritirare il dono a sua volontà.

Ecco quel che suggerisce la ragione intorno alla liberalità, di cui fu onorata V. E., liberalità che va tanto maggiormente rispettata, quanto che nell' atto originario di concessione ed in quelli di conferma si parla di servigi alla persona del principe. In questo caso, l'atto di apparente liberalità è realmente e propriamente la soddisfazione d'un debito.

In quanto poi alla pensione degli annui scudi lucchesi sei mila, lo stesso è a dirsi, cioè ch'è irrevocabile e irreducibile per tre motivi egualmente gravi:

1° Perchè vitalizia, — 2° perchè rimuneratoria, — 3° perchè ecclesiastica.

Un godimento vitalizio non può essere interrotto, che dalla morte del godente. Sia qualunque l'origine di tal godimento, provenga da sola liberalità o da dovere, contenga o no la clausola della correspettività; s'è conceduto a vita, tanto basta, perchè il gratificato riposi tranquillo su la durata del beneficio.

Un assegnamento vitalizio è necessariamente alimentario, poichè è destinato a nudrire il godente, fin che vive. Or come mai si potrebbero togliere o diminuire gli alimenti? La legge non riconosce, che due soli casi di diminuzione della pensione vitalizia alimentaria : La migliorata situazione dell'alimentato, e la peggiorata situazione dell'alimentante. Queste condizioni non si verificano al certo nel caso nostro.

Ma la pensione accordata a V. E. è anco rimuneratoria. Si legge a rotonde lettere nelle varie ordinanze ducali, che con quell'atto di munificenza s'intendeva dare a Monsignore de Foscolo una prova della gratitudine sovrana. Inoltre si specifica in esse ordinanze, che il godimento dei 6ooo scudi lucchesi sarà indipendente sempre da qualunque carica od ufficio nell' avvenire presso la corte del principe.

Il complesso di queste circostanze trasfonde nel suddetto assegnamento il carattere d'una pensione di ritiro e ricompensativa, e lo costituisce retribuzione di servigi passati; e non già caparra di servigi futuri. Or nulla vi è al mondo, che sia più irrevocabile del passato. Il solo futuro è contingente per gli uomini. Pretendere di ridurre una pensione per servigi già resi, sarebbe lo stesso che agire contro tutti i principj di equità e di giustizia.

Per ultimo, egli è evidente, che l'assegnamento suddetto veste eziandio la natura di pensione ecclesiastica : cosa, che basta da se sola ad imprimergli il carattere d' irrevocabilità. In fatti, quando vedesi S. A. R. il Duca di Lucca con lettera dei 24 maggio 1827 far omaggio di quel assegnamento per Monsignore de Foscolo alla Santità di Leone XII, e farsi merito presso il Capo visibile della chiesa di voler cooperare alla più luminosa carriera ecclesiastica di un prelato degnissimo; quando vedesi sua Santità con Breve apostolico di risposta de' 3o giugno seguente accettare in nome del prelato beneficiario quel dono, e ringraziarne il generoso principe, che concorreva in tal modo ad assicurare più grande la sorte di un funzionario romano; e quando infine vedesi che V. E., a cagion per appunto di cotesta più ampia provisione, per un rescritto pontificio de' 10 luglio appresso, perdette la pensione che percepiva

121

dalla Corte di Roma, non può concepirsi e nemmen sospettarsi, che si possa o si voglia minimamente alterare una convenzione altamente diplomatica, e sanzionata solennemente, e non sol perfetta, ma eziandio consumata.

Ecco le ragioni veramente preponderanti che mi portano ad emettere questo voto legale contro ogni tentativo ed ogni pretensione di voler revocare o diminuire i suddetti atti di liberalità.

Se V. E. desiderasse una più estesa consultazione corredata dal solito appoggio di dottrine professate dai giureconsulti. e di sentenze emanate dai tribunali, io non potrei redigerla che in Napoli. Ma lo sfoggio di giurisprudenza nulla potrà aggiungere di forza e di chiarezza agli esposti argomenti.

Ho l'onore, ecc.

BAR. POERIO.

Genova, 3o novembre 1833.

° *Consultation donnée par Me Masson, avoué au parquet de Paris, sur les droits de Monseigneur de Foscolo, patriarche de Jérusalem, envers Son Altesse Royale Charles-Louis de Bourbon, Infant d'Espagne, duc de Lucques.*

Première question.

L'obligation passée par quelqu'un ayant les qualités voulues par la loi, en faveur d'un tiers pour le payement d'une somme quelconque, peut-elle demeurer sans effet, et être regardée comme de nulle valeur, parce que l'origine de la dette n'y est pas indiquée, lorsque celui qui l'a contractée ne veut plus exécuter le payement?

Réponse à la première question.

Toute obligation sans cause réelle est nulle, et ne peut pas produire d'effet. Mais il n'est pas nécessaire que la cause soit exprimée; et pourvu qu'elle existe, l'obligation est valable. L'obligation naturelle qui fait que l'on se soumet à faire une chose, ou à payer une somme, SUFFIT *pour que l'engagement soit valable en droit,* ET QUE L'ON PUISSE CONTRAINDRE *celui qui l'a souscrit.*

La reconnaissance faite que l'on *doit une somme que l'on s'oblige de payer, est une cause suffisante pour la validité de l'obligation.*

Ainsi, je dois à M..... la somme de..... que je lui payerai le.....; ou je reconnais devoir à M..... la somme de....., que je payerai, etc., constituent des obligations très-valables en droit, et que le souscripteur sera contraint d'acquitter.

Deuxième question.

L'ordre donné par un souverain à ses ministres, de payer à un personnage quelconque, soit en récompense de services rendus, soit comme un simple don gracieux, peut-il être révoqué, quoique dans l'espace de quelques années le même prince l'ait réitéré plusieurs fois? malgré une transaction suivie entre le prince et le créancier, laquelle réduit la dette à la moitié, et qui demeura sans effet? ou, pour mieux dire, en résumant la question en peu de mots : Un prince a-t-il le droit de reprendre ce qu'il a donné, parce qu'il est prince?

Réponse à la deuxième question.

Par cela seul qu'il est question d'un ordre donné par un prince souverain, il ne devrait pas y avoir de question à résoudre; parce que les souverains devraient toujours donner l'exemple de l'exécution scrupuleuse de leurs engagements. Mais comme les exemples contraires ne se rencontrent que trop fréquemment, il convient d'examiner la question et de décider.

Si l'ordre de payement est motivé sur un service rendu, l'obligation est parfaite, et on peut contraindre le débiteur sur tous ses biens saisissables.

Si l'ordre de payement n'exprime pas ce motif, et si son existence réelle peut être prouvée, *il est certain que le débiteur pourra être contraint, comme si la cause était exprimée dans le titre.* Si le don est purement gracieux, *il faut encore décider que le prince doit payer.* En effet, toute personne capable peut donner de même qu'elle peut vendre et acquérir. Il n'y aurait donc question que sous le rapport de la forme requise par les lois du pays, pour la validité de l'acte contenant la donation. A cet égard, quand bien même l'acte ne serait pas dans la forme requise pour être valable de particulier à particulier, il faut déci-

der qu'il est *valable à l'égard
d'un souverain qui l'a souscrit.
Le souverain dispose en général dans une forme qui lui est
particulière et qui dérive de sa
toute-puissance;* il dispose soit
par un décret, soit par une
ordonnance. Lorsqu'il a disposé ainsi, l'obligation est
PARFAITE. Il faut considérer
que dans maintes circonstances
un souverain pourrait être
contraignable à s'obliger sur
le rapport du droit, alors que
cependant Il n'y aurait pas de sa
part obligation naturelle de le
faire. La présomption de droit
est qu'il existait au moins une
cause naturelle qui a motivé
la donation; *et une fois constituée par le souverain dans la
forme adoptée pour les actes
qui émanent de lui, elle ne
peut pas être rétractée.*

Les explications qui ont été
données font connaître que
l'obligation ou donation, souscrite par le prince, était de
vingt-quatre mille écus romains, et que par un arrangement postérieur le créancier
avait consenti à réduire cette
somme à celle de dix mille

écus romains, qui devait lui être payée en janvier ou février 183o. Le payement n'a pas été fait. *Le créancier est resté donc saisi du titre de 24 mille écus romains, et c'est cette dernière somme qui doit être payée, puisque la condition voulue pour la réduction n'a pas été remplie. La seconde convention doit être considérée comme résolue, pour ne laisser subsister que l'obligation première.*

Troisième question.

Une pension viagère faite par un souverain par un décret spécial confirmée par d'autres décrets postérieurs et payée pendant un certain temps, peut-elle être révoquée ou diminuée?

Réponse à la troisième question.

La pension viagère dont il s'agit, ne peut être ni révoquée, ni diminuée. On a vu, dans les actes communiqués, que le titre qui la constitue a été confirmé par des actes subséquents, et que des arrérages de cette pension ont été acquittés par le prince, ou d'après ses ordres. Enfin, il résulte d'une lettre adressée par le prince à Sa Sainteté Léon XII; que la pension a été constituée pour donner au titulaire les moyens de soutenir ses dignités ecclésiastiques, et de parcourir plus honorablement sa carrière au service du saint-siége. En voilà plus qu'il ne faut, même en droit, pour décider que cette constitution viagère est valable et doit recevoir son exécution, puisqu'elle est accompagnée d'une cause réelle et licite; et il ne resterait qu'à déplorer l'égarement d'un souverain qui pousserait l'oubli de ses devoirs et de sa propre dignité, jusqu'à méconnaître des engagements aussi sacrés.

MASSON, avoué.

Consultation donnée par Me Hennequin, ancien avocat à la Cour royale de Paris, sur le même sujet.

Le conseil soussigné, qui a pris une lecture attentive des vingt-sept pièces écrites en langue italienne, qui lui ont été communiquées, consulté sur les droits qu'établissent au profit de monseigneur de Foscolo les actes émanés de S. A. R. le duc de Lucques, est d'avis des résolutions suivantes :

S'il est certain en principe qu'une obligation sans cause ou souscrite sur une fausse cause doit être considérée comme n'existant pas, il est également vrai que le silence gardé dans un contrat sur la source de l'engagement n'affaiblit en rien la puissance de l'obligation ; en deux mots, il faut que la cause existe, mais il n'est pas nécessaire que l'instrument authentique ou sous seing privé en fasse mention. C'est là le résumé de toute la doctrine. Du reste, il est constant en fait que monseigneur de Foscolo est qualifié dans les actes et décrets du titre de *précepteur honoraire de notre bien-aimé fils*. On comprend donc le motif d'une munificence qui trouverait d'ailleurs une explication suffisante dans la libéralité du prince.

Répondant à la première question, le conseil soussigné déclare que les actes géminés qui ont été mis sous ses yeux sont valables, 1° parce que l'origine de la dette s'y trouve suffisamment indiquée; 2° parce qu'en fût-il autrement, la volonté du prince suffirait encore à l'autorité de la donation.

Le conseil est en outre très-frappé de ce passage contenu dans la pièce vingt-deux : « Le prince, après me l'avoir accordée, en écrivit au pape Léon XII, qui, après lui avoir rendu dans un bref que je garde de vifs remercîments, spécialement et deux fois, revenant sur le mot *viagère*, me priva aussitôt de la pension que je recevais du saint-siége, en récompense de mes services, et que l'on me promettait d'augmenter dans un temps quelconque par le rescrit avec lequel elle me fut allouée. A présent, les temps sont beaucoup changés pour la cour de Rome ! »

Comment donc serait-il possible que le donataire demeurât victime d'une libéralité, dont le seul résultat aurait été de le priver d'une pension qui était à la fois un soutien et un titre d'honneur ? Le ministère du duc le voudra-t-il ? Où seraient la raison, la justice ?

Répondant à la seconde question, le conseil soussigné pose en thèse que l'irrévocabilité est le caractère essentiel de la donation. Ce qu'on était libre de ne pas promettre, on n'est plus libre de ne pas l'exécuter. Donner et retenir ne vaut ; c'est un vieil adage du droit français, qui domine les princes comme les autres hommes, et, au surplus, il faut dire à la louange de Son Altesse que sa volonté s'est montrée constante, ou, pour mieux dire, immuable.

1° Ordre de Son Altesse au caissier de sa cour et de sa maison et à son banquier de payer vingt-quatre mille écus romains à Monseigneur.

2° Ordre de Son Altesse Royale à M. Grazziani, son consul et agent royal à Rome, de payer à Monseigneur dix mille écus romains.

Les pièces n° 3, 4, 5, 6, 7, 8, 9, et tant d'autres, font foi de la persévérance de Son Altesse Royale dans ses intentions reconnaissantes et libérales.

La distinction que l'on voudrait jeter entre le don

gracieux et l'obligation à titre onéreux ne peut être d'aucune importance. Dans l'une et l'autre hypothèse, l'engagement est également irrévocable.

Le conseil soussigné croit aussi que le titre est revêtu des formes qui lui sont propres.

Un prince régnant ne peut exprimer sa volonté, lorsqu'il éprouve le besoin de se montrer généreux ou juste, que par des actes de la nature de ceux qui sont mis sous les yeux du conseil.

S'il existait dans les États de Lucques cette distinction, que les listes civiles ont introduite chez d'autres peuples, entre le trésor public et le domaine privé du prince, il faudrait encore dire que l'engagement devrait être respecté, mais ne pourrait s'exercer que sur un assignat limitatif.

Dans les gouvernements représentatifs eux-mêmes, il n'est pas dans l'usage que les princes souscrivent des donations notariées, et l'on ne saurait reconnaître au ministère d'un pouvoir absolu le droit de révision et de contrôle, qui paraît être exercé par les ministres de Son Altesse Royale.

Ces principes suffisent à la solution de la troisième question, et s'appliquent avec une énergie toute particulière à la création de la rente viagère.

On ne peut pas se dissimuler qu'il sera difficile de triompher de cette puissance d'inertie, refuge assuré de ceux qui gouvernent, quand il ne leur convient pas d'accepter la discussion. Aussi, le conseil soussigné se borne-t-il à dire ce qui lui paraît être le droit.

Fait et délibéré à Paris, par l'ancien avocat soussigné, ce 28 octobre 1833.

HENNEQUIN.

7   *A. S. A. R. il Duca di Lucca.*

Parigi, 15 luglio 1834.

ALTEZZA REALE,

Supplico la di Lei clemenza a perdonarmi l'importunità della presente lettera, in memoria di quella preziosa amicizia, onde m'onorò in altri tempi, non mai in alcuna circostanza demeritata. Dio faccia grazia a chi per proprj fini e personali contrarietà mi recò tanti danni, con pena grave, ne sono certo, del di Lei cuore, che troppo conosco.

Avrei voluto scrivere a V. A. prima di adesso : di mese in mese io sperava si degnasse Ella d'incoraggirmivi. Altre volte lo fece, e conservo sempre quelle sue sì dolci lettere da Vienna e da Dresda, con le quali m'indennizzò tanto largamente di quel che l'altrui mal animo m'aveva fatto soffrire nel 1827, fino a scrivermi di non *sapersene perdonare.*

L'A. V. sa bene quante le mie afflizioni e perchè!!! Dal 1° di luglio poi del 1831, infinite. Certamente, che a Lei non si disse della mia situazione : impossibile, che il di Lei animo non m'avesse alfine fatto giustizia. Pure osai d'indirizarle replicatamente le mie suppliche : ma chi sa qual ne fu la sorte, e in man di chi capitarono.

Per ultimo, mi trovo quì da molti mesi malato........., quì mon ispese importabili........ e altrove intanto si fa man bassa sul mio! E mentre doveva almeno contare *imprescrittibilmente* su quei dritti, che la di Lei generosità mi concesse, *irretrattabili per tanti atti sovrani*; e su' quali, se non avessi contato, sarebbe stato far onta alla di Lei real fede..... avrò io a credere tutto per me perduto, tutto e per sempre! L'anno scorso, in ottobre, per lo mezzo del signor Principe Massimo feci giungere a V. A. un progetto di transazione. Era in gravissimo mio sagrificio : pur mi vi rassegnava, per rispetto di Lei. Contemporaneamente Le diedi avviso, che avea trovato quì un acquirente di tutti i miei crediti, il quale dava tempo a decidermi solo trenta giorni. Anche il signor Conte de Colombi, incaricato allora d'affari di V. A. ne scrisse al signor Ministro Manzi. Da nessuna parte un riscontro. Il capitalista prolungò il termine due e tre volte ancora, *sempre inutilmente*; poi non volle saperne più.

Ora, che un altro, a migliori condizioni di quello, mi si è offerto; ora, che in tanta desolazione aveva pur a prendere qualche partito, l'ho preso il dì 3o giugno decorso, e *irrevocabilmente*, per non correre la stessa sorte, che col primo. Ne ho scritto al signor Maggiordomo Massoni, che Le mostrerà la mia nota.

Creda V. A. che sola necessità, la più imperosa, mi vi ha spinto. Dio sa, se abbia io bramato di dispensarmene !...... Io dunque non sono più creditore di

133

V. A., e darlene notizia, era mio dovere. Ma non mai
sarà, che dimentichi quei sentimenti ecc. ecc.

Al signor Marchese Massoni, Maggiordomo di S. A R.
il Duca di Lucca.

Parigi, 15 luglio 1834.

Eccellenza,

Credo mio dovere di partecipare a V. E. quella
misura, che la forza imperiosa della misera posizione,
in cui trovomi da tanto tempo, mi volle far prendere.
Ne scrivo pure a S. A. R.

Ho perduto l'anno scorso, come innanzi ancora altre volte, una eguale risorsa. Sperava sempre, e a ragione, di non essere poi indeclinabilmente condotto a
valermene. Ho aspettato, ho sofferto, e quanto e come,
Dio sallo e tutti il sanno, che sanno di me. Penava del
niun riguardo, che un cessionario straniero avrebbe
osservato in rivendicare i miei crediti, una volta che
fossero divenuti suoi. Profonda gratitudine verso
S. A. e rispettoso attaccamento, sempre invariabile
fra tante immeritate afflizioni, mi fecero tardar finora:
ritardo, che ha quasi consumato la mia rovina. Non
mi restava, per non cadere in irreparabile dispera-
zione, che d'appigliarmi a cotesto partito.

Poco poi al ricevere della presente sarà costì
M. Gaillard, procuratore autorizzato con tutte legalità
del mio cessionario. Dovetti a quest'ultimo, nell'atto

di stipolar l'istromento il dì 3o giugno passato, con-
segnare, nessuno eccettuato, tutti i documenti in regola, che si riferiscono a'miei dritti, *irrevocabilmente
tradotti in esso;* quelli pure ch'io spedii nel 1831 e nel
1832 a Vienna e a Lucca, e che vi giunsero senza
fallo, dei quali peraltro non ebbi mai alcun riscontro.

A fin che V. E. sappia a quali patti abbia io fatto
cessione de'miei crediti, or dirò quel solo ch'è necessario in presente; il più le sarà manifesto per le for-
mole dell'istromento. *Il cessionario prende a se cumu-
lativamente ogni somma, che mi doveva e mi dee per-
venire : ne fa sottrazione di parte a vantaggio suo : il
resto mel pagherà nel periodo d'un anno, a tutto giugno 1835, di rate in rate, sei rate sole. E la prima cadrà
al momento, che il di lui procuratore abbia a Lucca
terminato l'affare con S. A. e V. E.; o non riuscen-
dovi, alla sola prima sua intimazione legale* (spero e
prego Dio di pien animo, che ciò non avvenga mai),
che lo porti davanti ai giudici.

Metto quì entro le copie delle tre consultazioni dei
signori Hennequin, Barone Poerio e Masson, su le
quali il cessionario procedette a stipolazione con me,
e adesso fonda incontestabilmente suoi dritti. Sarà
bene che le conosca V. E.

Ho l'onore, ecc.

A. S. M. la Regina vedova di Napoli.

Parigi, 15 luglio 1834.

M.

La principessa Massimo, Donna Cristina di Sassonia, mi scrive in data de' 26 giugno passato che, poi che V. M. vuol passare a Lucca la stagione dei bagni, io mi raccomandi alla di Lei protezione presso l'Altezza Reale del signor Duca, a cui scrivo questo dì stesso per avvisarlo, che ho ceduto ad altri irrevocabilmente i miei crediti verso di Lui fino dal mese passato.

So io di non avere alcun titolo a contare sulla real di Lei grazia; ma, cristiano e vescovo, posso certamente implorare la carità d'un animo sì generoso.

D'altronde mi preme di sottomettere a V. M. che, adesso non essendo io più il creditore, l'altro non avrà per S. A. que' riguardi di gratitudine e di attaccamento, a cui io finora ho tutto sagrificato.

Voglia dunque la M. V. nella sua clemenza prendere interesse per questo affare, e ne la supplico ossequiosamente, ecc., ecc., ecc.

A. S. A. R. il Duca di Lucca.

Parigi, 22 agosto 1834.

Altezza Reale,

Nell'ultima mia lettera, che a quest'ora M.r Gaillard avrà messo a' piedi di V. A., io diceva della estrema necessità, che mi condusse finalmente al partito di cedere ad altri que' dritti, che, *da non mai rivocarsi, nè porsi in dubbio*, la di Lei munificenza Reale si piacque accordarmi.

Per non arrivare fino a tal passo, certo non mi rimprovero di non avere scritto e supplicato continuamente ben tre anni e più, ed impegnato assai persone che s'interessassero a togliermi di questa pena, e proposto a mia perdita de' gravissimi sagrificj.

Altezza! dalla fonte stessa, onde a me ragionevolmente ogni bene, tutto il contrario : cessazione d'un onorevole assegnamento, sospensione d'una carriera, aperta prima, mercè di Lei, con sì fausti auspicj; una folla d'invidi e di gelosi, che fece armi a mio avvilimento, e se lo avesse potuto, a mio disonore.

Ma se motivi tutt'affatto indeclinabili mi trascinarono, malgrado mio, a cotal determinazione, quale il mio affanno, se il cessionario fosse costretto a far valere gli acquisiti suoi dritti al cospetto della giustizia! Non ch'io tema più nè pel mio interesse omai già assicurato, nè per le invincibili ragioni del cessionario : se peno, è solo per la idea, che degl'improvvidi suggerimenti di qualcheduno forse non propongano delle tergiversazioni a guadagnar qualche tempo ancora, senza poi nessun vantaggio di V. A., in confronto dei tanti, dei solennissimi atti della sua Real volontà.

Queste riflessioni mi rattennero fino ad ora, e mi angustiano di presente. Pur anche spero nella grandezza del di Lei animo, che V. A. *vorrà sola e di per se* una volta, far trionfar la giustizia, ecc., ecc., ecc.

Al Signor Marchese Massoni, Maggiordomo di S. A. R. il Duca di Lucca.

Parigi, 22 agosto 1834.

Eccellenza,

Mr Gaillard, procuratore del mio cessionario M Gérin, si sarà presentato da qualche giorno a Vostra Eccellenza.

Sono certissimo, che cotesta estrema risoluzione, cui da tanto tempo e sì altamente provocavano i miei bisogni, e, ch'è più, volea l'onor mio, la E. V. avralla riconosciuta giustissima.

I miei dritti stanno sicuri per sovrana sanzione su tai documenti, che non lasciano temere di dubbio. E rammento sempre quello che sopra di ciò ebbe Ella la bontà, o, meglio pure, la nobile franchezza di dirmi a Lucca nel maggio 1827.

Mr Gérin, e per lui Mr Gaillard, non avrà a dolersi del contratto stipulato e consumato con me. Sarei afflittissimo, se v'insorgessero contro delle opposizioni (sempre già mancanti di peso dinanzi alla equità de' tribunali); perchè oramai non potrei più impedire al mio cessionario di farvi valere gli acquisiti suoi dritti come più gli piacesse con pena di S. A. R.

Ma chi oserà dare all'ottimo Principe consiglio tale, che perda affatto l'opinione della sovrana sua fede?

In questa idea mi tranquillizzo alquanto, e si più che ne scrivo a V. E. , la quale, io spero, farà tutto, onde pegli atti di munifica ricompensa d'un principe non abbiansi ad agitare le coscienze dei giudici.

Sono, ecc.

8   Lucques, 3o août 1834.

Monseigneur,

En retournant aux bains de Lucques, etc..... voici la détermination de Son Altesse Royale :

1° A l'avenir, elle payera très-exactement la pension viagère, en entier, jusqu'en 1840, et pour moitié à partir de cette époque jusqu'au jour du décès de Mgr de Foscolo;

2° L'arriéré de 21,840 écus romains sera payé petit à petit;

3° Quant à la créance des 24,000 écus romains, les deux lettres de change qui sont dans les mains de Pallavicini, montant à 11,641 écus romains, seront payées, l'une en juin, l'autre en décembre 1835, etc., etc., etc.

Camille Gaillard.

9 — *Parigi, 20 octobre 1834.* « Eccoti, mio buon fratello, una procura pel mio affare di Lucca, tutto scritta e sottoscritta da me.

Ma tu devi profitar pure in ogni maniera dell' anteriore rappresentanza di M. Gaillard, per condur meglio e più speditamente la cosa.

Premesso questo, ascoltami attentamente.

Tutti sanno qual sia la mia vita di continua sofferenza durissima da otto anni..... Da tre anni spesso v'ebbero, tu lo sai, delle persone, che si offerirono d'ajutarmi, purchè cedessi loro *i titoli certi e ineccezionabili de' miei diritti*, cui far valere giudizialmente. Sempre mi vi son rifiutato per riguardi di gratitudine e di attaccamento verso il duca di Lucca (e quì nota, che non aveva io bisogno di prima chiedere ad esso, se ne fosse contento; perche i tanti reali decreti che tu conosci, portano testualmente, *che ho io tutte facoltà di cedere a chi più voglia i miei crediti verso di lui e promettono ed assicurano una volta per sempre di voler riconoscere i miei cessionarj, quali suoi creditori*).

Ma finalmente poi le angustie montarono all'estremo, e mi fu indispensabile, proprio per coscienza, di prendere dopo tanto tempo un partito.

D'una parte, i creditori si sono dati a perdere l'onor mio, affermando *essere invenzioni* i miei crediti su la Intendenza di S. A. R. Chè se non fossero tali, avrei ben da molto superato ogni altro riguardo per quello santissimo della mia personal convenienza. Posso io dunque tardar più, se non mi si faccia ragione, a produrne in pubblico i documenti?

Dall'altra, dietro molti e umiliantissimi e dispendiosissimi esperimenti legali, tu 'l sai bene quel che si è finora fatto, quel che tuttora si fa del mio!..........

. . . .
Era bene che ti scrivessi tuttociò , per migliore tua re-
gola. Coraggio dunqne, avvedimento, attività : Non
v'è un istante da perdere. Stà in te di riparare gli sbagli
altrui, di riordinare le cose mie, di togliernii da tale
inferno, ecc., ecc. — 24 ottobre. . . . .
. . . .
Adesso non posso più , e ben ue soffro, non posso più
servire ai delicati riguardi, a cui per lo passato. D'altronde, si può dire, che sarebbe tutt'uno. Ne osser-
vai tanti finora, anche perchè la pubblica opinione,
comecchè a torto, non si voltasse contro di me. Ma
ora ?. . . . . . E poi in tutte cose pur troppo l'opinione
stà per chi vince; ed io vincerò, chè troppo sono forti
le mie ragioni. Pensa che non solo mi è indispensabile
di ricuperare i miei fondi, ma indispensabilissimo,
che presto, ma presto assai, ecc.

15 *novembre.* I documenti legali, affidati in addietro a M. Gaillard, saranno stati già rimessi a te colla
mia de' 10 corrente.

La procura che ti mandai pel corriere de' 20 ottobre passato, ti ha ben fatto conoscere che *i tuoi pro-
cedimenti sono già sciolti affatto da ogni dipendenza
e relazione con altre persone.*

Non dormire, te ne supplico, fratello mio!

Tu mi scrivi : « *Dunque Martini non ti fece sapere,
«che una commissione legale a Lucca instituitavi dal
«principe stesso, riconobbe ed ammise i tuoi dritti?
« Dunque ti si tacque, che fu da essa già proposto al
«duca il pagamento de' tuoi crediti, prima pure che la-*

« *siasse egli Lucca in dicembre del* 1833, *è che il Mar-*
« *chese Massoni affrettava con ripetute sue al principe*
« *in Vienna l'approvazione del commissionale progetto?*»
Rispondo : niente mi si fece sapere, e tutto questo
mi fu taciuto fin quì.

Dici, che *se non v'ha altro ostacolo, che la mancanza di danari, come in marzo passato dopo il rapporto
della commissione, i danari di nuovo verranno offerti.*
Or bene, ascolta cos'è a farsi :

Andare a Lucca, ma senza indugio nessuno, munito di tutti i documenti necessarj alla conclusione
dell'affar mio. — Portarvi teco già preparata una *for-
mola*, almeno preliminare, di transazione. — Presen-
tarti al principe, ma *senza avviso preventivo* : parlar-
gli della commissione da lui stesso instituita in febbrajo
passato; e dire al di lui ottimo cuore : « Altezza, mio
fratello sempre devoto, sempre grato all' A. V. ha sofferto e troppo soffertofinora nella salute, nelle conve-
nienze, nel suo avvenire. Non era ciò ch'Ella s'era proposto, quando lo beneficò si largamente e ne scrisse
al S. Pontefice Leone XII, e ricevette il breve apost. di
questi in ringraziamento. Ma pur troppo tutti cotesti
orrori sono accaduti dopo che dal 1827, tanto l'hanno
battuto l'altrui invidia, l'altrui gelosia; dopo che dal
1° luglio 1831 nessuna ragione si fece mai a' di lui
dritti. Ora non è più possibile ch'egli si resti così.
Mancherebbe al suo carattere, ai suoi doveri, alla sua
coscienza. Vuol Ella, V. A., combinarsi a partito di
reciproca soddisfazione? Egli lo esibisce. — Senza di
ciò, V. A. non dovrà essere malcontento di lui, se

senza perdere più di tempo, chè la tristissima sua situazione non gliene consente più, egli prenderà quelle
misure, che la legge e la giustizia gli offeriscono, sicure e pronte. »

Mancanza di fondi, imbarazzo in trovarne, ecco
l'unico ostacolo che tu puoi incontrarvi. Nessun altro, chè il principe ha retto cuore e dolcissimo, e ris-
petta la giustizia. Superato cotal ostacolo, mercè dei
fondi, che tu assicuri *offerti ad esso* anche in presente;
tu finirai tutto *sul momento*. Pensa che un solo istante
di tempo perduto può essere la mia rovina. Dunque. .
.... 22 *dicembre*..... Spero che a quest'ora
avrai ricevuto notizie di Lucca. Fa quel que devi fare,
e *bene*, e *subito*. Conserva sempre il medesimo cuore
e il coraggio che mi mostrasti nella tua de' 26 di novembre, e tutto andrà bene. Ma sopra tutto rammenta ch'io quì ho bisogno subito di franchi 32,000,
e che dentro il prossimo gennajo devo pagarli......
31 *dicembre*. Rammenta, ch'io non ho più tempo da
perdere; che pegli ultimi di gennajo o primissimi di
febbrajo voglio aver quì 32,000 franchi, senza de'
quali mi perdo; che intendo avermeli ad ogni patto;
che in fine demando il mio; che finora, dopo a te dati
i miei poteri, ho parlato solamente di te, e con tutta
la sicurezza, a tutte le persone, a cui devo; che quindi
ci va non solo del tuo affetto fraterno, ma sì pure
dell'onor tuo.... — 15 *gennajo*. Ho ricevuto la caris-
sima tua lettera de' 5 corrente da Lucca.

Con essa tu mi hai ridato la vita. Dunque *entro il
mese posso assicurarmi d'uscire dei miei sì gravi affanni*

di qui? E tutto sarà finito com'io lo proposi? Che Dio te ne ricompensi! Ora il cuore mi si dilata. Ancora 10 o 15 giorni tutt'al più, ed io son salvo!.....—18 *gennajo*

. . . .

Circa le attuali mie pene, mi richiamo al cuor tuo, e ti prego a rileggere le mie lettere, tra le altre, 22 e 31 dicembre passato, notate coi numeri 49 e 54. Ma credo superfluo d'insistere su cotesto tristo proposito, dopo le assicurazioni precise, che avesti la carità di darmi a' 5 di questo mese, che *uscirò d'affanni entro il mese stesso.....* — 22 *gennajo*. Alla tua de' 12 corrente, grazie, mio buon fratello, di quel che stai facendo per me. Ma me ne scrivi così all'infretta, che non ne so altro più, se non che tu sei dietro colle mani e co' piedi a farmi del bene. Ti prego d'accelerar le misure che devono ridarmi la quiete. Io mi struggo, ed è grandissima carità il risparmiarmi anche due giorni, anche un giorno solo di questo martirio.....

[10] — *Lucca* 19 *gennajo* 1835...... Stipolato appena l'istromento di transazione, e munito delle formalità di legge, realizzerò subito ciò che ti occorre a Parigi. Non dubitarne un istante. — 20 *gennajo*. Stamattina fu conchiuso l'atto, e sottoscritto. Ho fatto quel che ho potuto. Prego Dio che tu ne resti contento..... Con l'istromento alla mano, avrò subito il denaro, che ti può occorrere. Ma per riuscire', è mestieri che tu a corso di posta mi spedisci altro mandato di procura, col quale mi autorizzi a realizzare quel fondo che puoi credere

a te necessario. La tua procura del 21 ottobre mi dà facoltà di transigere e conciliare le tue vertenze col principe, ma non mi accorda il potere di cedere o negoziare in tutto od in parte il prezzo del seguito componimento. Questa procura mandamela a Roma, ove lunedì prossimo mi spingerò..... Cogli atti già stipolati, e *con le pratiche già omai attivate, non ho punto in dubbio di realizzare le occorrenti somme che mi prescriverai, appena avuta la detta procura.* Ho poi dei mezzi potenti in Roma già ormai disposti a farti ivi guadagnare quel più, che quì a Lucca mi è convenuto di cedere e di farti perdere..... — 24 *gennajo*..... Ho già a Roma chi ha giurato di porre il maggiore suo vanto in servire utilissimamente a'tuoi interessi. E ti ripeto che appena mi venga la procura di cui ti scrissi, or son quattro giorni, avrai subito i fondi occorrenti.... — *Roma* 31 *gennajo*.... Mandami presto la procura, se vuoi subito i denari..... — 4 *febbrajo*...... Aspetto la procura. Appena mi giunga, subito farò i fondi da spedirti...... — 10 *febbrajo*..... Ma presto quì, presto le tue autorizzazioni, se brami prestissimo quel che ti occorre..... — 14 *febbrajo*..... Subito, subito, ch'io m'abbia la tua procura sarai tu servito. *Ogni cosa è già su tal piede, che posso e devo affermarti, che le tue angustie cesseranno all' istante.....* — 17 *febbrajo*..... Ho ricevuto la tua procura. *Entro la ventura settimana, anzi più presto, forse entro questa saprò che..... mi dia senza frutti e sconti di sorte alcuna, sul contratto lucchese quanto ti occorre......;* nel qual caso rinunzio ai quattrini che mi si proposero con perdita scalare di frutti.

*Non ti chiedo per finir tutto, che il solo solissimo tempo
necessario......* O in otto giorni..... mi dà tutto che
occorre senza perdite : od in sei giorni dopo, con perdita, ti servirò a tuo modo. *Prendi dunque questa,
ch' è breve, ulterior dilazione — Lo stesso giorno, più
tardi.* Ritorno a casa dopo aver veduto....., *e fonda-
tamente, ti annunzio che senza frutti e sconti...., ti darà
l'occorrente sul tuo credito di Lucca.* Così in otto soli
giorni avrò tutto finito...... Quello, che mi rimproveri
perduto a Lucca, è guadagnato a Roma e anche più.
— *Roma* 19 *febbrajo......* Tutto ti confermo quel che
ti scrissi nelle altre mie ; ed ogni ragione mi assicura
dell'esito fortunatissimo. Sarai contento, spero, che i
quattrini non ti costino quattrini ; nè passeranno i
giorni che t'indicai *senza il felice risultato finale del
mio lavoro.....* — 24 *febbrajo.* Ebbi anche la tua ultima
col n° 62. Ma rassicurati poi una volta ! *Ti ripeto, che
fratre o quattro giorni potrò trarti di pena.* Scrivo poco
oggi, perchè mi trovo faticatissimo e male in salute ; ma
ciò è quanto basta per farti tranquillo. Oramai non so
mettervi più alcun dubbio..... — 28 *febbrajo.* Martedì
prossimo avrai le notizie desiderate sull'esito dei miei
maneggi a maggiore e tuo vero interesse ; il quale esito
ogni ragione più fondata mi fa sperare lietissimo......
— 5 *marzo.....* Lavoro senza perdita di minuti pel com-
pimento felice del mio maneggio ; e tu non prenderti
angustia per le ore, adesso che *puoi francamente assi-
curar prossimissimo l'istante di farti onore con tutti;*
questo solo considerandoio il vero ed il miglior pre-
mio delle mie fatiche..... — 6 *marzo.* Mi stringi l'anima,

mio caro Daulo, e mi spaventi colla perentorietà de'
termini al mandarti i quattrini. Ma, mio Dio, *quando
poi le cose sono sicure, e stà tutto nella dilazione di
qualche giorno soltanto;* quando questa dilazione ti
frutta il risparmio di cinque e forse più mila scudi,
che i tuoi creditori non possono aver la crudeltà di
farti perdere; cosa di male vorrà mai Dio che possa
accaderti? *Il mio progetto corre rapidamente al suo
termine, e già sono quasi alla meta delle mie fatiche.*
Il contratto lucchese fu trovato in regola pienissima;
e la lettera del duca al Santo Padre, suggello perfetto
del contratto medesimo. Ti ripeto che oggi aspetto le
disposizioni esecutive del progetto, che *entro giorni
avrà fine la cosa, e dillo a quei tutti a' quali può in-
teressare......* — 10 *marzo.* Ieri sulla sera ebbi la tua
n° 68....., più presto tutto sarebbe finito a quest'ora,
se la fatale notizia della morte del nostro imperatore
giunta quì sabato al tardi non avesse distratto alcun
poco le persone..... — 12 *marzo.....* La morte del nostro
imperatore mi ha fatto perdere trè giorni intieri. E
notizia, che turba molte persone, e reca qualche indugio quindi agli affari. *Ma questi affari sono già a
buon porto; e torno ad assicurarti che il ritardo stà
in giorni. Sabato credo ehe saranno ultimati.....* —
14 *marzo.* Oggi la tua col n° 69. Avverti ch'io ti scrivo
con tutti gl' ordinarj di posta. Per la nostra nazionale
disgrazia non potrò riassumere la conclusione degli affari, che domani. Regolàti quindi nelle cose tue fino
all'arrivo della prima mia dopo questa. — 24 *marzo.*
Tutte ad un punto, oggi che la malattia mi dà un po'

di tregua, mi vengono consegnate le tue lettere fino al
n° 76. Mio Dio, qual medicina! Non te ne fo rimprovero, perchè sei sì sfortunato, che non posso che piangere per te.....; hai ragione, e le principali ragioni; però
non contro di me; contro d'altri. I tuoi propositi'e-
rano i migliori..... niente più da....; avevi ragione, ed io
torto, lo confesso.—Invece o la Banca romana, o la casa
Landi-Roncadelli di Bologna prende il tuo contratto.
Era questa ultima, che apprincipio erasi dichiarata, e
sempre così restò : ma qui fui indotto in diversa opinione per giovarti. Ora sono convinto, che tu da Parigi ci vedevi meglio di me..... *M'occupo ora di questo
solo; de' tuoi quattrini per Parigi; e questo finito, io
partirò,* essendo con premura richiamato. —26 *marzo.*
Non sono ancora in istato di scriverti a lungo, e di
rispondere alle tante tue. Però ti scrivo ciò che più
importa. Avrai i franchi 90 mila da quelli che già
s'erano meco impegnati, e che feci male a preterire,
per delle viste, che certo erano di tuo interesse. *Inoltre quì a Roma i fondi, che colla tua de' 2 febbrajo
vuoi a tua disposizione.*

Tutto devo a Mg^r Corsi ed all'avvocato Ruelle, ai
quali pure lascio, partendo, l'incarico de' tuoi affari.

Non inquietarti se da qui non ti scrivo ancora.

*Mettiti in piena tranquillità : i quattrini in brevi
giorni, anzi ore.* Meglio e più presto niuno avrebbe
fatto, dopo...........— *Padova 3 aprile.* Vedi da
dove ti scrivo. Sabato, dopo impostata l'ultima mia,
mi venne dall'ambasciata austriaca un dispaccio di

Venezia, che mi richiamava a Treviso pel 1° corrente. Ebbi tempo soltanto di fissare ogni ultimo accordo con Mg^r Corsi e con l'avvocato Ruelle, e questi, d'intiera intelligenza col primo, realizzerà i fondi del contratto lucchese.

A te 90 mila franchi subito; e a Roma, a tua disposizione, la somma di danaro, che hai già fissata. È al Cav. S.....che tu devi conoscere, ch'io devo l'esito delle cose. Scrivigli. Se una mortale malattia non lo avesse posto nella impossibilità d'agire, *da quaranta giorni avresti avuto il danaro.*

A quest'ora avrai avuto lettere analoghe dell'avvocato Ruelle, e così pure di Mg^r Corsi.

Scrivo oggi ancora all'avvocato, acciò affretti tutto che concerne l'incasso e la spedizione dei detti 90 mila franchi : così ci siamo intesi. *È la Banca romana, che la mercè di S...., fa l'affare.*

Da Treviso quì or ora mi vengono le tùe coi numeri 80 e 81. Mi fanno piangere : troppo sei stato infelice finora; ma davvero, che nol sarai più. Ti ripeto : Ruelle avrà senza indugio e ti manderà i 90 mila franchi. Se quell'angelo di S....... non era malato, li avresti ricevuti già da oltre di un mese...... — *Treviso 10 aprile......L'avvocato Ruelle col cav. S....* attende già a realizzare e rimetterti subito i fondi nella integra somma di 90 mila franchi, *ed a quest'ora te ne avrà certo tranquillizzato.* La mortale malattia di S......fu la sola causa del ritardo, e del mio profondo rammarico; *ma ora devo credere già tutto finito.*

Io non ti dirò delle mie fatiche e de' miei patimenti; altri te ne daranno conto, e conoscerai se ho agito da amoroso fratello. Sono poi avvilito per la singolare sfortuna mia, che dopo tante cure e tante pene, altri corranno il frutto, ed avranno la consolazione di finire l'opera mia per te.....

" *Parigi, 2 febbrajo* 1835. Da due ore ho ricevuto la tua de' 20 gennajo. Spero vorrai lasciarmi tempo fino a venerdì per la risposta; tanto più che, finita già ormai la cosa, a niente non può servir più. E poi ho bisogno d'un po' di tempo per riavermi dalla sorpresa in cui mi ha messo cotale tutt'affatto inattesa definizion dell'affare, altra avendo io dovuto figurarmela per le tante tue lettere antecedenti da Treviso e da Lucca, e specialmente per quelle de' 5, 9 e 12 di gennajo . . . . , ... Tu chiedi una procura, ecc. a corso di posta. Eccotela. Ma se tanto t'è necessaria, come non prevederlo prima, mentre apparisce dalle tue lettere de' 15 e 19 gennajo, che ben prevedevi, anzi sapevi qual aveva ad essere il risultato della transazione (risultato che non mi accennasti in esse nè con un sol motto pure!....) e quale il relativo atto notarile? Perchè non domandarmela prima, per non perdere un tempo così prezioso e di conseguenze per me sì terribili?

Inoltre non so capire come il Duca non abbia voluto profittare di quelle somme, che gli furono esibite ad imprestito.

Nella procura troverai facoltà per soli 200 mila franchi. *Subito* a me qui 90 mila. Pagati quì tutti i miei impegni, devo ritornare in Italia, e ritornarvi al più presto. Ne metterai 100 mila su la Banca Torlonia di Roma a mia disposizione pei miei affari colà : dei rimanenti 10 mila tu farai a piacer tuo.

Per le benedizioni, che chiami da Dio su' tuoi figli, non perdere un solo istante a trarmi d'affanno. .
. . . . . — 5 *febbrajo*. . . . .
. . . .
Dopo tutto questo, tu 'l vedi, s'io posso aspettare più lungamente i danari che qui mi occorrono. A mani giunte ti supplico di far che finisca il martirio. . . . . .
. — 9 *febbrajo*. Qualcuno mi scrisse da Lucca, che *tu pensi di fare a Roma un assai breve soggiorno*. Per carità, non partirtene, che tutto non sia precisamente finito. Io spero che, attendendo la mia procura, avrai già in anticipazione preparati i fondi; ed appena dessa in tue mani fornirai l'operazione, e me li spedirai immediatamente. Pensa, che il mio onore e la quiete della mia vita stanno adesso in tue mani. . . . .
. . — 14 *febbrajo*. La mia procura dev'essere già costì. Circa la somma che mi occorre, pensa, che dev'essere qual te la scrissi a' 2 del corrente. Ma presto mandamela! Ogni dì che passa per me come tanti e tanti finora, è dì d'agonia. . . . . — 20 *febbrajo*. Due sole righe con questo corso di posta, chè mi stò colla febbre. Ma almeno due, per iscongiurarti colla mia so-

lita antifona — *i quattrini, presto i quattrini,* — ma subito e quanti ne ho domandati............— 22 *febbrajo* ....
Ora rispondendo alla tua dei 10 corrente, credo inutile di ripeterti le mie angoscie pei quattrini quì, angoscie che mi fanno morire ad ogni momento. A quest'ora la tua carità fraterna dee aver già fatto tutto. Sicchè aspetto di giorno in giorno; e così ne ho assicurato, e ne assicuro continuamente quì le persone a cui devo.........— 25 *febbrajo.* Non posso esprimerti qual sia la pena, quando viene il corriere senza tue lettere. Capisco bene, che sempre non puoi avere qualche cosa da scrivermi; ma che vuoi farvi? tutto mi allarma. Dio faccia che domani o l'altro mi giunga l'annunzio della salvezza non solo, ma insieme i mezzi per la salvezza : i quattrini che quì mi abbisognano! Il tempo corre rapidamente, e l'epoca per la soddisfazione de' miei doveri mi stringe e mi affanna. Ma certo io ti faccio torto a temere.....— 27 *febbrajo.* Alla tua de' 14. Ti ringrazio con tutta l'anima, che mi assicuri, come *subito, subito che tu riceverai la mia procura, farai finire le mie angustie all' istante.* Or dunque io mi stò tranquillo e sicuro, perchè a' 15 l' avrai già ricevuta dall' E^mo de Gregorio.............— 1° *marzo.* Rispondendo alla tua dei 17 febbrajo, ti confesso che d'una parte per far più presto, e dall'altra per un certo amor proprio, starei meglio colle *offerte di quelli che mi sottopporrebbero a delle perdite scalari di frutti.* Se m'ami veramente, finisci la cosa senz'altri

indugi. Quand'anche avessi a perderci enormemente, resterammi l'onore che val più di tutto. Stavolta sia fatta la sola mia volontà!...... Tu scrivi *d'una breve ulterior dilazione*. Ed io ripeto, che non posso più consentirne alcuna; credilo. chè te ne faccio giuramento. Per le tue lettere de' 21, 24 gennajo e 4 e 7 febbrajo doveva aspettarmi tutto già terminato al presente; ed invece son'io qui ancora a penar sul presente ed a tremar pel futuro...... — 2 *marzo*. Che *ogni ragione ti assicuri dell'esito felicissimo de' tuoi maneggi*, come dici nella tua dei 19 febbrajo, va bene; ma pensa che i giorni, che le ore anche sole d'indugio, sono per me una morte continua. Io mi sottometto a qualunque perdita nell'interesse, purchè il mio onore sia salvo..... Quì, fratello mio, quì immediatamente il danaro che mi occorre!... Questo il vero, il grande, il solo punto che m'interessa : per le altre idee che mi communichi, lasciami quieto adesso, che non voglio perdere il sonno.... — 6 *marzo*......Non ripeto adesso, che se tu m'avessi domandato la procura assai prima, come il potevi tu, conoscitor della cosa, mentre io non ne sapeva una virgola; se in luogo di fabbricare in aria, come sarei tentato di crederlo, senza perdere il tempo con........, tu, a qualunque perdita, chè vi era e vi sono disposto, avessi profittato di quelle somme, che da gennajo in tante tue lettere mi andavi promettendo fuor d'ogni dubbio *appena e appena, subito e subito* che avessi in mano la mia procura; se in somma, almen per questo, avessi tu fatto a mio modo, io non sarei ancora nelle pene

insopportabili che mi stringono l' anima..........
.— 8 *marzo*. Aspetto ancora, come i padri del limbo,
la realizzazione delle tante e sì ripetute assicurazioni,
che d'un'ora ad altra tutto sarebbe finito. Ma sai tu
ch'egli è questo un farmi morire!......Eh! che m'importa di poco perdere o non perdere, quando nella
prontezza di soddisfare stà l'onor mio? Io temo che si
prenda costì quel ch'io scrivo, quasi esagerazione, e
quindi non si abbia premura a trarmi da questa posizione insopportabile ad uom del mio stato.........
L'unica mia speranza è che, mentre scrivo, i quattrini sien già in istrada......In poche parole io domando no quel degli altri, ma il mio; so io, per quali
imperioso o perentorie ragioni lo domando......In
somma quì il mio danaro, e subito; *e non importa,
se anche mi rimanessi in camicia : avrò soddisfatto al
mio debito e salvato l'onor della mia parola. Morire di
fame e di freddo, ma morire onoratamente*.........
..— 13 *marzo*....Mi limito a rammentarti l'orrore
della situazione d'angoscia in cui mi lasci, se subito
non ispedisci il danaro, che quì indispensabilmente
occorre a' miei impegni.......Intanto ogni dì mi
conviene far isperare ed assicurare che se no il primo,
certo il secondo corriere......e le tue lettere mi
vi autorizzano, ed io le do a leggere e ne communico
delle copie......Pensa, che non il mio solo, ma il
tuo onore, il tuo pure v'è interessatissimo........
..— 15 *marzo*. Alla tua lettera de' 28 febbrajo in cui
scrivi che *il martedì susseguente avrei le notizie desiderate su l'esito de' tuoi maneggi a maggiore e mio*

*vero interesse, il quale esito ogni ragione più fondata
ti fa sperare lietissimo.* Eh, caro fratello, non sono
già delle notizie ch' io aspetto e domando; e ti prego
di volerla finire!..... quattrini e quattrini, a ricuperare la mia quiete, a salvezza dell' onor mio : ecco
quel che domando e aspetto da sì gran tempo, che in
verità ne ho l'anima lacerata.

Nella lettera de' 17 febbrajo scrivevi, *od in otto giorni... mi dà tutto che occorre senza perdita, o subito dopo
in sei giorni ti servirò con perdita a modo tuo. Prendi
questa dunque, ch'è breve, ulterior dilazione.* Ora
dai 17 ai 28 sono 12 giorni, e ancora stai su delle
speranze; e ancora non prendi pensiero veramente
efficace del mio sofferire..... Oh, per carità una volta
dammene notizie precise : ch'io viva o muoja, ma
finisca il mio inferno! — *22 marzo.* Le tue lettere
de' 5, 6 corr^e, le ho ricevute tutte e due insieme, e
mi furono come balsamo al cuore. Le ho mostrate
subito alle persone, che vi hanno tanto interesse.
Dunque forse domani, o giovedì, pel più tardi, avrò il
mio danaro? Che tu ne sii benedetto! Dirò a tutti,
che devo tutto a te solo.... — *25 marzo.* ..... Domani
dunque, e ne prego la SS. Vergine pel mistero di
questo giorno, domani spero che avrò tue lettere con
ordini, ecc, ond'esser libero nella settimana da tante
angustie e tanto gravi. Così potrò pur subito incomin-
ciar le disposizioni pel mio viaggio. *Prima d'avere il
danaro per pagar quì tutto e tutti, neppur le catene
me ne avrebbero tratto giammai. Sarei morto più presto
quì, che partirmene, lasciandovi anche un obolo solo*

di debito : sofferirvi piuttosto e rimproveri ed insulti e
violenze ; ma che non si avesse potuto dir mai, ch'io
me n'era partito senza far onore a' miei impegni....
— *29 marzo*. Io sperava tutto nella posta d'jeri. Ma
niente ancora!.... Abbi pietà di me, te ne supplico :
rammenta le tue assicurazioni, che m'hanno quì com-
promesso : pensa che devi la mia salvezza alla fede
intieramente cieca, con cui mi sono a te abbandonato.
Non v'ha più tempo : se fra quattro o cinque giorni
non mi arrivi quello che mi fai attendere da sì gran
tempo!.... — *2 aprile.* ..... Ma non capisco quel che
abbia a fare la morte del nostro imperatore co' miei
affari pecuniarj.... Epoi in tutti i casi, quante volte
non t'ho io scongiurato di togliermi di questa angoscia
con qualunque mia perdita e a qualunque patto? Finalmente cos'è su cui voglio contare, sennon il mio?
E non si vuol intender costì, che il mio onore si
perde!.... No e no lettere, che non valgóno a nulla :
i miei quattrini.... si abbia una volta giustizia, se non
compassione per me. Mi stó di nuovo colla febbre da
jeri, sono all'estremo dell'inquietudine. Ho mostrate
le tue lettere tutte, e mi si ride al naso, ed hanno
ragione.... — *3 aprile.* ..... E tu mi fai premura che
me ne ritorni a Roma? Ma possibile, che ancora tu
non arrivi a comprendere, che non dirò sol di ritornarvi, ma *neppure d'un progetto di ritornarvi, non si*
dee farmi questione, se prima io non m'abbia quì ciò
che t'ho chiesto? e pensa, che non ho chiesto che il
mio!.... Partirmi di Parigi, lasciandovi insoddisfatti
dei debiti?... Morirvi piuttosto, e mille vólte.... —

7 aprile. ..... Ma si paghi pure tutto, che la cupidigia domanda; purchè finisca il mio inferno una volta! Oh Dio, e tu non pensi, che la più breve dilazione è per me la morte!.... — *10 aprile.* .... Tu mi scrivi, *mettiti in piena tranquillità.... i franchi 90 m. in brevi giorni, anzi ore.* Dunque domani io li avrò. Amen, amen! *Dopo le tante defezioni patite da te,* a tanto mio danno, non posso e non devo credere, che *tu* me ne faccia, *tu,* adesso patire ancora. Jeri subito ho chiamato.... e mostrato la tua lettera de' 26 di marzo : Lunedì verrà a ricevere le cambiali, che dunque devo ricever domani, per negoziarsele nel giorno stesso... — *12 aprile.* Jeri tutte le ragioni mi promettevan tue lettere cogli ordini già annunziatimi per 90 m. franchi. Niente invece!!!.... Il nuovo ritardo, dopo tant'altri, finisce di togliermi quella quiete, che tu volesti insinuarmi coi precedenti avvisi. Che devo io credere? Che tu m'inganni, tu pure? oh Dio benedetto mi levi piuttosto di questo mondo! Ma frat tanto tu mi lasci peggio che in purgatorio. Eh no, le mie non sono esagerazioni, come troppe ho prove, che costì le si creda : Dio lo sa, e me ne sia testimonio! Sono staneo di tutti, di me ancora. Addio. — *14 aprile.* ..... In quest' ultima tua de' 3 corr° da Padova « *Ruelle.... realizzerà i fondi del contratto lucchese.* » Ma e la tua lettera de' 26 marzo, in cui « *Mettiti in piena tranquillità.... avrai i franchi 90 m. in brevi giorni anzi* ORE?... » ed immediatemente prima di essa, quella de' 24 » *m'occupo ora di questo solo : de' tuoi quattrini per Parigi ; e questo finito,*

io partirò. » Or tu partito : e Ruelle *realizzerà !*....
Ma credi tu ch'io possa servire al mio onore con delle
vane parole? vivere di esse? soddisfare ai miei doveri
con esse?.... Vedremo dunque anche quello che ci por-
terà giovedì; ma non posso più prometterti che dopo
ancora, io m'abbia pazienza : oh no colla perdita
dell'onor mio!....

[12] — *Parigi*, 17 *aprile* 1835............ E se i creditori voglino vilipendermi e minacciarmi, ne hanno
tutte ragioni. Io li ho ingannati : le speranze, anzi le
sicurezze che diedi ad essi furono tutte illusioni : hanno
eglino tutte ragioni se voglion prendersela contro di
me, chè non vedono in tutto questo e non devono
vedervi altri che me..... Ma Dio! voi lo sapete, se
v'ha in me colpa, in me, che con sì schietta lealtà ho
fatto sempre vedere scritte le speranze, le *sicurezze*
che mi si diedero....... — 19 *aprile.* .... Intanto ecco quello che devo dirle. *Qualunque sagrifizio,*
qualunque perdita in vendere, anche sia pure del 50
del 60 *p.* °/₀, *tutto si soffera,* ma che il mio onore sia
salvo! Il mio onore che grandemente patisce per le
illusioni scrittemi da costì, e ch'io, non dovendo mai
creder tali, ho communicato....... Smanio d'impa-
zienza da un corriere all'altro per la recezione quì
de' miei fondi....... — 27 *aprile.* .... *O d'un*
modo o d'un altro, anche perdendovi il 50 *il* 60 *p.* °/₀,
come le ho scritto altravolta, *e più ancora,* ma biso-
gn finirla. Quì non posso, non devo restarmi più a

lungo; ma *non me ne partirò mai prima d'aver ricevuto i 90 mita franchi, che aspetto da sì gran tempo.* Che mio fratello m'avesse almeno spedito legalizzato il contratto lucchese due mesi addietro! Ne avrei fatto pur qualche cosa....... — 1° *maggio.* ....
Finalmente la supplico d'ascoltar la voce della sua carità. Così non posso più passare da un giorno all'altro. S'io non merito nulla personalmente, s'abbia riguardo almeno pel mio carattere. *Qualunque perdita, mi vi sottommetto*: ma quì subito per amore di Dio, quì i quattrini che mi tolgano da tanta pena, e mi faccian libero di riportare onoratamente a Roma la mia povera vita!....... — 14 *maggio.* ...... Ma sì e sì, in nome di Dio benedetto! *mi assoggetto a tutte sorti di perdite. Che m'importa di avere più o meno di quattrini? L'onore è il solo bene che non voglio sagrificare, e nol devo*..........

Lucca, 28 maggio 1836.

MONSIGNORE,

Credo del mio dovere di prevenire V. E. che sarebbe mio rispettoso avviso di sospendere per qualche settimana le trattative da lei aperte per negoziare a Parigi il suo credito; mentre fra poco ella potrà dispensarsi da ogni sagrifizio. S. A. R. è sul punto di concludere, anzi ha già concluso forse a questa ora un vistoso imprestito col Banchiere Rothschild di

Vienna, *col quale dimettere tutte le sue passività, e
così anche quella dipendente dalla transazione* 20 *gennajo* 1835. Verificandosi l'affare che non è adesso più
dubbioso, *V. E. verrà tosto ad incassare in una volta
tutto il suo credito*, ecc.

3o giugno.

Non ho mancato d'occuparmi di ciò che moltissimo
le stà a cuore, ed *ho il piacere d'annunziare a V. E.
che Ella sarà ben presto consolata.* Si attende a Vienna
il duca di ritorro da Dresda per fermare le condizioni
dell'imprestito Rothschild, dietro il quale *il credito
di V. E. sarà tolto di mezzo in un colpo.* Il seppi *riserva-
tissimamente* e sotto segreto, e lo dico a Monsignore
solo, ecc.

í3 agosto.

È arrivato a Lucca l'Intendente signor Sartori, col
quale parleró lunedì mattina. Frattanto so che ogni or-
dinario di posta si attendono lettere di Vienna, che
annunzino la conclusione dell'imprestito. La *prudenza*
e l'interesse di V. E. vogliono dunque ch'Ella soffra
ancora. qualche poco per non perdere un sì grande
vantaggio, ecc.

Carlo av. Ridolfi.

14   Parigi, domenica 5 marzo 1836.

Monsignore,

Credo che più che di danaro, ella manca di buona
volontà. La rendo dunque colla presente avvisata che,
se entro mercordì prossimo venturo io non ricevo li
franchi 460 fr. 15 c^mi dovutimi, io cederò finalmente
alle insinuazioni forti e continue che una persona mi fa
da gran tempo per *scrivere delle notizie* QUALI SI SIENO
contro di Lei! . . . .

Nè creda già che la mia sia una vana minaccia: egli
è un fatto positivo, ed il signor P. . . . ., ha già veduto
una parte del *danaro che è stato depositato in mie mani
come caparra.*

O mercordì a me il danaro, o giovedì io dò le notizie richiestemi.

L'avviso le serva di norma e la riverisco.

C.

15   Mercordì, 9 marzo 1836, ore 8 della sera.

Monsignore,

Il mercordì va a spirare e dimani, Giovedì, 10 marzo,
alle tre pomeridiane precise, io consegnerò infallante-
mente la biografia di lei, che *già mi è stata pagata an-
ticipatamente.* Mi è impossibile il fare altrimenti, a

meno ch'Ella prima di detta ora non mi paghi, avendo io speso gran parte del danaro ricevuto per tal lavoro. Domani dunque, o i 460 f', o la diffamazione. Stà in lei di scegliere.

La riverisco.

C.

16   Parigi, 6 aprile 1836.

MONSIGNORE.

Il giorno otto di questo mese debbo pagare il termine del mio alloggio, e mi mancano i denari. Dia, Monsignore, ascolto al suo cuore, e mi mandi i 460 franchi, ed io esultante le ne renderò infiniti ringraziamenti.

Il bisogno, Monsignore, mi avea fatto ricevere del denaro, che il signor P. vide, ma quel denaro fu da me restituito, poichè non mi reggeva nè mi reggerebbe mai l'anima di arrecarle offesa dopo tanti suoi beneficj, e *di servire al mal animo di chi vorrebbe diffamarla*.

Io spero, anzi son certo, Monsignore, che obbliato tutto il passato, e perdonandomi generosamente, come è suo costume, quello che ciecamente mi seduceva a fare il bisogno, ella m'invierà qualche angelo consolatore.

Pieno di ossequio sono

Suo umiliss. rispettosis. servitore,

C.

11

17

Je soussignée déclare que monsieur le comte de
Foscolo, patriarche de Jérusalem, a logé dans ma
maison, connue à Paris sous le nom d'hôtel d'Italie,
place des Italiens, n° 1 ; qu'il y est entré le 28 mai
1834, et en est sorti le 16 décembre suivant, de sa
propre volonté ; que pendant les sept mois qu'il a ha-
bité mon hôtel, moi et toutes les personnes de ma
maison n'avons eu qu'à nous louer de sa conduite et
de sa manière ; qu'il a presque constamment gardé la
chambre, étant sorti très-rarement ; que pendant trois
mois et demi il est resté au lit à cause de maladie ; que,
soit dans son cabinet, soit dans son lit, il lisait ou écrivait presque toujours ; je lui ai vu toujours faire
beaucoup de charités à des gens qui imploraient son
assistance ; que je n'ai jamais entendu dire du mal
sur sa conduite privée ; que je puis certifier que pendant tout le temps qu'il est resté dans mon hôtel, elle
a été régulière et honorable sous tous les rapports.
En foi de quoi j'ai signé le présent pour valoir ce que
de besoin.

11 avril 1837.

Vᵉ MILLET.

18

Je soussigné Directeur de la maison hygiénique des
Néothermes, rue de la Victoire, n° 48, certifie que
M. le comte de Foscolo, patriarche de Jérusalem, est
entré, le 29 septembre 1833 pour raison de santé dans

cet établissement, où il a subi plusieurs traitements, sous la direction de M. le docteur son médecin; et qu'il en est parti le 28 mai 1834; que pendant son séjour, il a fait plusieurs chutes plus ou moins graves, qui ont successivement retardé sa convalescence et ont rendu ses sorties de la maison très-rares; qu'eu égard au désir exprimé par un grand nombre des pensionnaires des Néothermes, il a consenti, pendant assez longtemps, à dire la messe et à faire des prédications dans une pièce commune appropriée à cet effet; enfin, qu'informé que son intervention auprès de quelques malades atteints d'indispositions sérieuses, et même mortelles, leur serait agreable, et qu'ils la désiraient, il s'est empressé, à différentes reprises, de leur porter des secours spirituels.

Paris, le 19 avril 1837.

C. DE LACVIVIER.

MONSEIGNEUR.

Depuis bien longtemps j'avais envie de vous écrire, mais je ne l'osais pas; cependant mon devoir m'oblige à vous faire savoir toutes les calomnies qui courent sur votre compte, et qui sont infâmes. Fort heureusement tout cela a dû se passer dans notre hôtel. Vous pensez bien, Monseigneur, qu'ils s'adressent fort mal. Nous avons été témoins de toutes vos bontés, de votre charité inépuisable, vous refusant pour secourir les pauvres, de ce qui vous était nécessaire. Vraiment, Monseigneur, le monde est bien méchant : vous nous avez édifiés, et les scélérats vous accusent de tant de choses que vraiment je n'ose vous les répéter, crainte de trop vous alarmer. Ayez confiance en Dieu, et il ne vous abandonnera pas : vous êtes trop chrétien et il est trop juste.

Recevez, Monseigneur, l'assurance de mon respect.

Votre servante très-humble,

Vᵉ DOULX.

28 avril 1837.

FIN.